更新中國
國家與新全球史

王賡武 著

黃濤 譯

商務印書館

Renewal: The Chinese State and the New Global History

© 香港中文大學 2013

本書由香港中文大學擁有所有版權。香港中文大學授權商務印書館 (香港) 有限公司將
本書翻譯成中文並出版中文繁體字版，本版限在中國內地以外地區，包括香港及澳門
特別行政區及台灣發行。

Traditional Chinese edition copyright

©2016 The Commercial Press （H.K） Ltd.

本書譯文由浙江人民出版社授權使用。

更新中國 —— 國家與新全球史

作　　者：王賡武
譯　　者：黃　濤
責任編輯：潘來基
封面設計：涂　慧
出　　版：商務印書館 (香港) 有限公司
　　　　　香港筲箕灣耀興道 3 號東匯廣場 8 樓
　　　　　http://www.commercialpress.com.hk
發　　行：香港聯合書刊物流有限公司
　　　　　香港新界大埔汀麗路 36 號中華商務印刷大廈 3 字樓
印　　刷：美雅印刷製本有限公司
　　　　　九龍觀塘榮業街 6 號海濱工業大廈 4 樓 A
版　　次：2016 年 11 月第 1 版第 1 次印刷
　　　　　© 2016 商務印書館 (香港) 有限公司
　　　　　ISBN 978 962 07 6585 8
　　　　　Printed in Hong Kong

目　錄

前　言

　　中國之成為激辯的焦點，始自清末的改革者和革命者們有史以來第一次試圖重新定義中國。辛亥革命之後，帝國（empire）讓位於民族國家（nation-state）的概念，中國人開始尋求他們的現代身份，重新設計政治體系並重新書寫歷史。革命成為新的領導者在一個基於國家主權的世界中尋求合法性的源泉。他們很快就發現，要將共和國與他們繼承的政治文化協調起來異常困難。他們感到，他們的共和國既不是帝國，也不是民族國家，於是力圖通過工業文明和科學，並融合優秀傳統，來更新中國。

　　2008 年我在香港中文大學余英時講座中提出，這種更新是過去一個世紀以來中國人努力為之奮鬥的國家重建過程的核心。從遭遇西方現代民族帝國之後，清帝國的精英們就力圖通過革命來抵禦外來控制。遭到失敗之後，他們轉而訴諸傳統以保持其作為中國人的意識，同時對那種將中國置於邊緣的主流世界歷史話語提出挑戰。

　　反思正在進行中的全球化過程，我想起錢穆 1952 年出版的《中國歷代政治得失》。這本書幫助我重新思考中國歷史。我特別感興趣的是中國人如何以中華民國取代了清朝政府，以及為何這一民族主義的大膽嘗試出人意外地以 1949 年中國共產黨的勝利而結束。1952 年，離這一震驚世界的事件僅僅三年，我對此記憶尤深。

余英時當時是錢穆的研究生，因而他應該讀過這本書。像他的老師一樣，余英時也是一個為環境所迫，不得不從外部省察中國現代化道路之變遷的局內人。他們兩人在寫作時，都懷着今日不復多見的對中國轉型的一種感情。在經歷了中國的革命和現代化之後，他們都離開大陸，繼續探索是甚麼使得中國的政治和文明如此獨特。

不過，我對中國國家的思考來自一個通常從外部來看待這一主題的華人的視角。大約 60 年前我去造訪錢穆的時候，我的研究課題是關於康有為和孫中山及其在英屬馬來亞的經歷，以及他們與大量生活工作於殖民環境中的中國人的交往。他們兩人都看到了西方在亞洲擴張的一些影響。馬來亞提供了一種英帝國的視野，即以在倫敦的英國政府的眼光，或者從航行於各大洋的艦船甲板上來看待世界歷史。對於他們的帝國歷史學家來說，中國是遠方一片離奇的大陸，處於全球海上強權的邊緣。相比之下，中國歷史學家們則在調整他們的世界觀，以對這一動態系統中的強弱對比作出反應，並使中國找到自己在新的全球話語中的合適位置。

本書中的論文，代表了我對中國人努力建立現代國家和文明的理解。他們解讀歷史，以求找到理解這樣一些問題的線索：中國人如何應對，諸如在兩千年帝制之後建立一個民族國家的問題，以及他們如何通過擁抱現代性來復興獨特的文化傳統。對於這個主題，中國國內及海外已經有了大量的相關研究，這裏所集結的論文並未涉及當前學界的所有討論。我也意識到用英文寫作必然影響我對中國發展進程的描述。有時我所用的詞語無法傳達中國人對自身和外部世界的所思所想。我意識到，努力將中國土生土長的概念與源於歐洲史學的概念相匹配，這本身就是正在進行的更新過程的一部分。我相信，為了理解推動當今中國發展的動力，其他人跟我一樣，也不得不接受這樣的狀況。

王賡武

2012 年 2 月

第一章　世界歷史中的中國

　　舊中國以今從古，新中國以古從今。對於中國人的歷史態度，這樣的描述可能過於簡單，但是傳統文人都在儒家傳統中讚頌遠古的黃金時代，並用以指引和矯正當下的行動。這一傳統的一個結果就是，不可能期待線性的進步。官方歷史記錄下各個朝代的興衰循環證明，那種想要達到甚至超越古代輝煌的努力往往會歸於失敗。在朝代更迭的記錄中，大多數朝代都因過於短暫而無法對統治者及其幕僚提供有益的教訓。但對幾個大的朝代，如漢、唐、宋和明，人們進行了詳盡的研究，以求找到相對成功的範例。即使是北魏、遼、金和元這樣幾個征服者朝代，也被整合進中國歷史的主流之中，在一定程度上就是因為它們提供了有價值的歷史教訓。

　　清朝是中國最後一個朝代。這是一個征服者朝代，它是漢人與非漢人觀點和制度的一種特殊混合，其影響至今猶存。歷史學家們還沒有全面地理解它，因此，為清代作正史就顯得非常重要。清代歷史的書寫已經拖延了一個世紀。清朝覆亡之後，遺老們緊接着就展開了撰寫一部傳統的"標準歷史"的工作。逾百名官方學者一起合作，在 1927 年完成了一部《清史稿》。但是，對於中國的新一代史學研究者來說，這部《清史稿》太過傳統，他們認為朝代歷史已經完全過時。不過，還是有一些歷史學家力圖書寫清史。而且，應該有一部正統的清史的觀念，也始終活躍於毛澤東時代及其後。持這一觀點的人最終在 2003 年獲批編寫一部完整的清史，他們期望用十年時間來完成這一任務。[1] 這其實是一份遲來的承認，即承認朝代史的重要性，以及過去對朝代史的理解 —— 不管是在傳統的、民族主義的還是馬克思主義毛澤東思想的框架中 —— 要麼是扭曲的，要麼是片面的。最終，問題不僅在於寫出一部更為準確的清代史，而且在於如何在世界歷史中給它一個定位，並將 20 世紀的中國歷史與之前的帝國歷史聯繫起來。

重大的歷史事件往往影響深遠，而且能為現在和將來提供有益的類比。當 20 世紀初的歷史學家們開始拋棄儒家歷史觀時，他們不僅拋棄了對於黃金時代的傳統觀念，還採納了一種新的詮釋策略，即厚今薄古。最初的目的是為了矯正對以往歷史的推崇備至，這被指責為導致中國最終落後的一個重要原因；但這一策略假定了歷史的價值在於其被正確地運用。年輕的歷史學者喜歡用以現實為導向的標準去衡量歷史中有哪些部分值得牢記。毛澤東時代之後，在吸收西方社會科學概念以改善或否認以前所接受的概念時，人們有時會重新表述這種策略，以強調以今論古。

中國史學家一直難以接受，悠久的中國歷史只是以現代歐美為中心的歷史敍述中的一個遠端部分 —— 如果不是周邊部分的話。不過，他們還是準備接受一個觀念，即中國歷史必須納入一個新的人類歷史當中，雖然他們還不確定最終如何納入。從 20 世紀 50 年代開始，就有西方歷史學家力圖超越其歐洲中心論，但是將中國納入新世界史中的嘗試，一直都很艱難，也不那麼令人信服。在中國的傳統歷史學家中，主流的觀點認為中國在各方面都是"中央之國"，處於邊疆地帶的人們經過長期互動最終也會成為中國人。在強盛時期，中國會對外擴張以確立其邊界；在衰敗時期，中國則收縮其邊疆。不過，他們 20 世紀成功的繼承者們，採用帝國、民族、民族國家的視角，使用建立在國際主義目標 —— 如資本主義、專制主義、社會主義、共產主義 —— 基礎上的相互矛盾的意識形態術語，對中國進行了徹底改造。有些人熱情地擁抱主流的、大多是西方的歷史敍述；其他人則很不情願地接受中國在世界歷史中從未佔據中心位置。不過，也有人強烈反對用外來的標準來判斷那些使中國成為偉大的文明古國的思想和制度。[2]

　　中國人意識到，他們的歷史記載總是把中國置於世界的中心。對他們而言，歐洲大部分歷史都沒有甚麼不同，尤其是其現代史，總以過去四個世紀的世界主導地位為其開端。西方歷史學家是歐洲中心的，他們用歐洲術語來解釋世界，對中國人來説，這可以理解，因為西方歷史學家的任務是向歐洲讀者解釋歷史。隨着全球化的進程，世界史的性質在發生變化，中國史學家意識到了這一點，但是他們仍然認為當前的世界史框架是歐洲史的投射，對人和國家的評價標準仍然依靠來自西方或受過西方訓練的歷史學家。中國史學家們指出，如果這仍是所有其他歷史都得使用的框架，那麼歪曲就不可避免，中國歷史也就不會是真正的世界歷史的一部分，而總是別人從歐洲中心的鏡頭中看到的樣子。

　　解決這一問題的努力從未間斷，特別是當問題涉及現代史的時候。然而直到最近，書寫一部從古至今的全球史的努力仍然罕見。一些歐洲學者，如伏爾泰（Voltaire, 1694-1778）、利奧波德・馮・蘭克（Leopold von Ranter, 1795-1886）和赫伯特・喬治・威爾斯（Herbert George Wells, 1866-1946）嘗試過，後來又有奧斯維德・斯賓格勒（Oswald Spengler, 1880-1922）和湯因比（Arnold J.Toynbee, 1899-1975），以及其他關注文明道路的人嘗試。20 世紀 50 年代，中國採用了蘇聯歷史學家編寫的世界史（其譯本也作為他們自己編寫的新歷史教科書的基礎）。80 年代，美國的世界史教科書出現在中國並引起關注，[3] 這些書大部分並沒有申明他們脫離了歐洲中心的偏見，但是其中一些克服明顯偏見的努力可以說還是相當成功的。在這些書當中，不管是蘇聯的還是西方資本主義國家的馬克思主義者，都更雄心勃勃。作為國際主義的信奉者，他們受到光輝的共產主義未來理念的激勵。通過以階級分析為基礎的意識形態，他們承諾要重新闡述世界史，要將所有種族、所有民族都囊括進朝向更美好世界進發的進步運動之中。今天，這樣一種目的論已經噤聲，當然不是被拒斥，而是採用了更溫和的進步標準。無論如何，樂觀主義還在，進步的觀念還是很吸引人，它許諾的將人類從對種族的、民族的、部族的以至階級的忠誠的鐐銬中解放出來的方式，仍是引人注目的。有很多人依舊相信一種為全人類代言的全球觀點，並相信終有一天會有歷史學家能夠忠實地反映這種全球觀點。

現在更多歷史學家致力於編撰一部規避任何中心主義或帶民族、地方偏見的世界史。但是，到目前為止，這樣一種世界史通常都散漫、零碎、煩瑣而了無生氣，很少引起廣泛的關注。人類的狀況並不是符合邏輯、始終一致的，從歷史來看，人類也並不僅僅滿足於愛、真和美。專業的歷史學者，如《世界史雜誌》（1990 年創刊）的編輯們，試圖追求對歷史各個方面的一種開放性探究。另一些人則表示，即使用歐洲語言進行書寫，世界史也可能不帶歐洲中心論立場。[4]人們可以設想，在中國，除了為中國人書寫的中國歷史之外，有人還想要讀到用中文寫的非中國中心論的世界史。寫這樣一種世界史並不容易，但這種需求是存在的，而且已經有所進展。

本章目的不是為了展現中國歷史最終將如何置於新的世界歷史中去，而是要考察中國人對其在世界歷史中的地位的認識。例如，中國人如何看待中國作為一個古老帝國的本質，以及中央政府歷經多個世紀創建帝國和民族的努力。同時，本章也考察將中國的歷史文明放在全球視野中所表現出來的特徵，以及正在被用來幫助這個國家實現現代化的那些特徵。與此相關的還有，今天的中國人如何看待他們的國家在世界上的地位，他們如何利用歷史來讓自己更加適應這個正日益緊密相聯的世界。以此為起點，他們發現用文化的方式來重寫世界歷史可以給人類歷史帶來新的啟發。這樣的方式與早先的一些嘗試相類似，如伏爾泰，他試圖描述人們從野蠻狀態中脫離出來向文明狀態轉變的全球歷史。這種變化的觀念在中國傳統中根深蒂固，可以與聖王的古老觀念聯繫起來。《易經》中如下節選概括了這一點：

> 古者包羲氏之王天下也，仰則觀象於天，俯則觀法於地，觀鳥獸之文與地之宜，近取諸身，遠取諸物，於是始作八卦，以通神明之德，以類萬物之情。……易，窮則變，變則通，通則久，是以自天佑之，吉無不利。[5]

天下的一切變化都意味着朝向文明狀態的進步，對所有尋求提升的人來說都是如此。從最早的歷史記錄開始，就嘗試描述人們之間的差異，並把差異的根源歸結為氣候、環境以及技術和文化。面對變化帶來的挑戰，有些人從野蠻狀態向文明狀態轉變，並號稱首先創造了普遍的價值體系。"天下"的概念讓中國人可以將這些要素編織成單一的歷史敍事，這種單一的歷史敍事文化成功塑造了他們的文明。後來這一文明得到擴展，包容了來自印度的佛教思想，並將之轉化為中國人的價值；現在他們又將來自歐洲的新思想包括進去，雖然這些新思想挑戰着中國傳統的核心。大多數中國人願意認可，所有這些都是豐富了中國文明，並且還將繼續豐富下去。互動的幾個世紀中提供了一種人類持續進步的歷史，衡量這種進步的標準是物質的豐富以及道德與精神的成就。中國人既然能用"天下"來擁抱中國歷史上的文明成就，他們也能將其應用於世界歷史。[6]

對中國史學家來說，更為核心的問題是對在社會、經濟和政治方面都產生過重要作用的集權化組織（centralizing organizations）的政治考量。小的宗族擴展壯大，合併其他宗族，最終能成為國家和民族。它們大多數採取諸如王國和帝國、部族或民族間聯盟以及各式各樣的國家形式，它們是不斷演變的產物，可以在擴張的帝國中聚集起來，然後又分裂成一些細小的單元。變化的軌跡可能是循環的，也可能是線性的。沒有甚麼能夠持久穩固，人們也知道政體很快就會演變成另一種。

所有這些都在中國歷史記載中得到了印證。從秦漢到明清的大的王朝更迭，在官方歷史中看起來好像沒有甚麼變化，但今天的中國史學家們認識到，在那些朝代中的確發生了重大的改變。[7]掌握權力的不同集團以及他們實際的權力範圍，帶來的是內在的不穩定和潛在的無政府狀態。於是人們創造出各式各樣的制度來應付環境的變化，而這些變化的環境又以這樣那樣的方式跟世界其他部分 —— 特別是橫跨中亞以及東亞和東歐的部分 —— 所發生的事件相關聯。

不管發生甚麼變化，中國人的目標幾千年來始終不變。他們需要一個強大的政府，把偌大的國家統一起來。他們看到了強勢領導者的必要性，至於這樣的領導者是誰、來自何處，這並不重要，重要的是他們能否帶來穩定，以及能否保證中國文明的繁榮發展，因為這是能否將中國人凝聚起來的關鍵。為此，儘管不斷有來自下層的反叛和來自外界的征服，統治者們所做的仍然是盡力維持秩序。在現代，這種持續穩定性在對抗西方武力和現代文明衝擊的時候突顯出來，它會復興嗎？它會怎樣影響正在出現的全球話語呢？

今天的主流世界觀源於歐洲民族和國家對權力的追求，它已經為世界大多數國家所接受。然而，人們意識到這樣的世界觀，根本是歐洲中心視角的產物，這一視角在第二次世界大戰後得到全方位的擴展。中國人也注意到其他地方的專業史家正努力從一種邊緣的、更少歐洲中心的角度來理解以往的歷史。他們相信，新的方式部分得益於這樣一個事實，即歐洲經驗的主導性比過去減弱了，部分源於對全人類的人文關懷的進步，因為人們相互了解越來越多。在全球視野變化的今天，正是考察中國學者所能起到的作用的大好時機。

就目前階段而言，這可以在各個成員國家相互平等的新國際秩序中得到實現。對於平等的肯定，始於第二次世界大戰結束後聯合國的成立，給予每一個政治實體以平等地位的觀念是新穎的，也代表了迄今為止人類歷史最具遠見的路徑。如果各國都能參與到協調一致的行動中來，在理論上就能將世界上的衝突減至最少，但是到目前為止，結果並不理想。為建立聯合國達成一致，是在西方盟國戰勝了德、意、日三國組成的軸心集團之後，戰勝國包括英國、法國、美國、蘇聯和中國，他們在聯合國安全理事會中被賦予永久成員國的地位，對遞交到聯合國的議題都擁有否決權。現在，中國人以及其他一些人都意識到，這是一場勝利者的盛宴，它並不能反映目前的權力狀況或大多數聯合國成員國的真實願望。因而聯合國教科文組織所宣導的重寫世界史顯得為時過早，其修訂版本也並未得到廣泛認可。[8]

　　當代的世界史話語主要還是目的論的，對歷史的解讀主要是追述歷史上成百上千的部族和國家如何演變成王國、帝國和民族國家的過程，其中，每一部族或國家都對所謂文明或文明社會做出了貢獻。主流話語認為，18 世紀創立於歐洲並在當今被認可為規範的主權民族國家體系，可以作為未來安全與和平的基礎。這當中的預設是，每個國家邊界的神聖不可侵犯可以得到保證，每個國家都遵守由所有行動一致的國家所決定的統一規則和實踐。儘管這一目標仍然虛幻，但對於那些期待一個更加穩定的世界秩序的人們來說，通過書寫歷史來支持這一理念仍然充滿吸引力。

　　那麼，這些方式如何影響中國在世界歷史中的地位？這就引出了一個根本的問題，即中國意味着甚麼？中國人自己如何理解歷史上的中國概念？以及，當其他國家和人們談及中國時，他們表達的是甚麼意思？顯然，他們並不總是在談論一個帝國或一個民族。人們很容易看到今天的中國版圖曾經是，也一直是，幾個帝國和許多部族、種族、民族和原民族的家。這就像明確我們在談到中國人時有哪些人被包括進來一樣，很容易就能識別不同的中國人社羣、社會和文化。

中國人能夠接受這樣一種觀念：世界歷史是普遍的並植根於文明當中。中國的思想家，以世世代代的儒家學者為代表，宣稱他們的理念是普遍的，而這可以成為以更廣闊的視野看待人類歷史的基礎。古代通過道德權威而展示出來的宇宙秩序觀念，是為了解釋人之為人的根據。大視野的歷史學家們，從漢代（前 206—220）的司馬遷和班固，到公元 7 至 8 世紀的劉知幾，11 世紀的司馬光和 18 世紀的章學誠，[9]都從容地描繪了一種以中國為基礎的、體現在他們所知的世界中的普遍主義。他們都使用"天下"這個詞，只是以各自的方式表述了這一普遍主義的不同版本。而"天下"這一概念，首先指的就是一種道德和文明世界的疆界。

把歷史看作與部族、王國、帝國和國家的權力和財富相聯繫的不斷變化的過程，這也是中國人能夠理解的。中國史學家歷來認為中國歷史是對統治者治國平天下（包括對文明的貢獻）的功績記錄。如果某些王朝和帝國因缺乏對理想秩序的認同而征戰不已，結果就會破壞對任何一種普遍主義的

信仰。中國人看到了一個穩定的中心的必要性。他們將中國
（中央之國）的概念設想為一種政治秩序，這種政治秩序同
時也成為道德權威的源泉。[10] 小規模的國家、王國甚至帝
國會在中央國家周圍相互征戰，但是如果他們遵從中央國家
所代表的價值，他們就是順應歷史的，是按照正確方向發展
的。因此，對很多中國思想家來說，歷史證明中國在幫助世
界文明化的過程中起過重要的作用。那麼，這是否也意味着
中國對尚未書寫的未來歷史也能貢獻某種關鍵的視角呢？

　　現在的主流世界觀是中國人從 150 年前、從清王朝被歐
洲諸帝國打敗後就準備接受的。但是，接受這種世界觀比人
們預想的要艱難。從滿族統治結束起，中國的地位就開始變
得模糊不清。西方歷史學家認為，今天的中國是一個曾經的
帝國。但是，正如中國史學家所反駁的，中國是一個受其他
國家侵略的半殖民地，它僅僅是力圖恢復其獨立，力圖建立
一個共和國。這種相互對立的解釋表明了中國領導人和外交
家在處理國際關係事務時所需要克服的一些矛盾。用現在的
話來說，中國想要成為一個現代多民族國家，成為聯合國的
一員，但是在某些人眼裏，命名問題仍然存在，他們認為中
國是一個老帝國，需要與其殖民區域脫離開來。這些人指的
是現代帝國時期中國將西藏和新疆納入版圖，而這就將歷史
爭議帶入了當代國際政治之中。

　　這裏的問題不僅涉及世界歷史，也是國際體系的一個核
心問題。中國人並不認同那種聚焦於 1950 年中國人民解放

軍進入西藏的詮釋方式。同樣,他們也不接受台灣民族主義者的解釋:認為台灣島一直以來都是中國的殖民地,接二連三地為外來力量所統治,如荷蘭人、鄭成功的福建水師、滿人、日本人,然後是蔣介石的國民黨。對中國人來說,將諸如帝國、殖民地和民族之類的術語,應用到中國的前現代歷史,這種理解是有時代錯誤的。現在中國人在現代語境中應用這些術語,他們的立場是,當清帝國被推翻,中華民國成立,中國就已經不再是一個帝國。然而,由於中華民國太軟弱,在幾十年時間裏都處於分裂狀態,其中一些領土淪為外國殖民地,而這證明了這個國家僅僅是一個半殖民地國家的觀點。因此,後來的中華人民共和國在 1949 年重新統一其大部分領土之後,不再是一個帝國,而應該被比作一個從清帝國承繼領土的後殖民國家。在這個意義上,它並不是西方所界定的那種民族國家,其新的領導人也公開反對拿中國與歐洲民族國家作比較,並堅持指出,他們要將中國建設成為一個現代的多民族國家,恢復中國一直以來所具有的多元文化性質。

現代中國一直左右為難:一方面是堅持其歷史的統一性,雖然帶有中華中心的偏見;另一方面是接受帶有歐洲中心傳統的世界史。這樣一種遊移不定的狀態並不利於別人理解中國在世界史中的地位。那麼為甚麼會有這種搖擺不定呢?中國顯然並不希望接受一種以 17 與 18 世紀歐洲歷史為標準的歷史解讀話語。像其他擁有強大歷史傳統的人們一樣，中國人認為把一種主導話語強加給每個人的過去，這種做法是非歷史的。普遍的東西並不必然是強者在任何時候都可以用來命令別人服從的。中國在應用來自西方傳統的馬克思列寧主義框架時所遇到的情況，就完全令人不滿意，今天，許多中國史學家已經意識到一定程度上歪曲了他們的歷史。[11]

　　同樣，那種宣稱現有國境內的每個人從一開始就都擁有一個民族身份的民族國家模式，也站不住腳。有的中國史學家力圖解釋歐洲民族國家的本質，他們遭到的反駁是，某些必要條件造就了這些民族國家。但是叫他們如何相信上一個世紀中發生的歐洲政治史是美麗動人的呢？其中最刻骨銘心的是擴張民族之間兩次世界大戰的後果，還有就是南斯拉夫的悲劇性解體。這些事件提醒中國人不要忘了古代中國的戰國時期，提醒他們一個中央權威對一定程度的和平與穩定的必要，簡言之，提醒他們擺脫關於民族國家的狹隘定義。總的來說，中國史學家同意中國不應遵從那種唯我獨尊的國家模式。他們訴諸中國複雜而富有變革力的歷史，人民是如何通過中央政府適應了各式各樣的對中國的威脅。正是由於擁有這樣的制度和文明的基礎，他們一次又一次地努力包容，不時地以不同形態成功地振興這個國家。中國的歷史學家表明，在每一次面對重大轉變的時候，他們的國家都對當下的需求作出了現實的反應。

　　國家地位（statehood）在中國衍生出許多觀念和制度。

與中國現代歷史最相關的概念是"天下一統"行為,這是由公元前221年秦始皇建立中央官僚國家時所完成的統一。從那時起直到1912年,這一帝國體系成為中國文明演化的關鍵概念,統一是常規,分裂是偏差。第二個是早期的中國概念,從商周時期的象徵性中央到秦漢時期的疆域國家。此後這一中央國家有盛有衰,但在明清兩代變得越來越強大,最終在中華人民共和國達到其頂峯。現在,中國傾其全力要建設一個獨立的多民族國家。在這兩個概念背後是更為古老的"天下"概念,這是一個試圖包含文明崛起的理念,是可以在國家中得到體現的理念。雖然這一理念在現代中國還沒有找到一個清晰的表達,但是它不斷地在中國人現在的討論中迴響,並在最近得到新的關注。

自19世紀以來,對中國的領導者來說沒有甚麼事是容易的,而且中國人不得不經歷多次的革命才達成廣泛共識:為了滿足快速變化的需求,究竟怎樣一種國家是他們所需要的。歷史學家和其他學者及知識分子仍然在爭論哪一條路徑是最為高效而人道的。中國的領導人在努力重構他們關於現代的、普遍的觀念,這樣他們才能夠在當前的全球牌局上拋出一筆可觀的籌碼。但是,更為深層的變革才剛剛開始。現在,中國的迅速崛起迫使歷史學家在人類歷史中為中國定位,這事宜早不宜遲。

在進入20世紀的轉捩點上,人們開始看到中國正致力於為一個全球化的世界而重塑自己。清朝是統治中國領土的滿族王朝，同時也宣稱承繼了中國的"天下"，吸收了天子所代表的道德權威。這樣，清朝皇帝就將他們在外部建立的帝國，與他們在承襲自明朝的朝貢體系基礎上建立起來的國家關係網絡結合了起來。通過類似的修辭，他們覆蓋了所有為防禦和商業目的而與中央政府保持聯繫的地區。

例如，這幫助清朝利用元代和明代都實行過的中國化的慣例 —— 這些慣例既是帝國層面的又是精神層面的 —— 來整合其與西藏的關係。通過他們與東蒙古部落的夥伴關係，滿族皇帝們也將其帝國區域控制向西擴展至後來的新疆。這回到了蒙古的世界觀，這一世界觀將他們的子孫後代與中亞的伊斯蘭國家和烏拉爾以外的天主教—東正教世界聯繫起來。因此，當歐洲商業和傳教士事業向海外擴展，從地中海和大西洋地區來到印度和太平洋，並抵達中國海岸的時候，滿蒙漢的混合勢力範圍至少擴展到了中亞同樣活躍的陸上世界。[12]

19 世紀，清朝遇上了從海路而來的歐洲諸帝國。幾經失敗之後，清帝國與各國簽訂了不平等條約。香港被割讓給英國，通商口岸開放，歐洲列強在這些口岸享受治外法權。用國際法的術語來說，清帝國加入了"民族大家庭"(the family of nations)，並由此承認西方列強是具有與自己平等地位的國家。曾向清帝國朝貢的周邊國家也接連被納入歐洲的控制，如被法軍佔領河內之後的安南（越南），以及屢遭日本侵犯的朝鮮。至此，清帝國被視為與衰落的土耳其帝國和莫臥兒帝國同屬一流。像歐洲的奧匈帝國和沙皇俄國一樣，清帝國被描述為置身於分崩離析的邊緣。難怪現代思想家,如康有為(1858—1927)和章炳麟(1869—1936),為中國迫在眉睫的厄運呼號,而梁啟超(1873—1929)和孫中山(1866—1925)則認為民族主義是拯救中國的唯一出路。[13]

從那時起,中國的行動就是通過歐洲歷史框架中的術語來衡量的。中國史學家被鼓勵運用現代概念來詮釋他們的歷史,他們甚至還將外來詞彙如"帝國""民族"或"國家"——大部分通常並不合適——運用到中國歷史的各個階段。當然,要對中國的術語,如"中國"和"天下",作出清晰的界定和連貫的使用,也同樣困難。

像"帝國"和"民族"這樣的詞語在漢語裏沒有對等詞彙,而"天下"和"中國"也並不總是意指同一事物,那麼我們該怎麼看待世界歷史呢?"天下"——天底下的一切——作為一個概念,一開始是指囊括了天降福佑,並通過天子來管轄的整個文明世界。這裏不包含任何政治的控制。後來它被用來指涉帝國的領土,但是非漢人統治者為其自身的目的,也用它來指領土權(territoriality),如在越南、朝鮮和日本。"中國"首先指的是天子實際所轄區域,也可以寬泛地指中國邊境外那些與中國皇帝有封地或朝貢關係的統治者。中國的皇帝們相信這樣的關係顯示了他們對中華文明的崇拜和尊敬。

有一個例子可以說明對"天下"這個詞的含混使用造成的麻煩:當秦始皇統一了帝國之後,他使用"天下一統"來描述這一結果。〔14〕"一統"這個詞的增加提升了秦的地位，使之高於與它交戰數個世紀的其他六國。新皇帝秦始皇，用"天下"來強調領土權，從而重新界定了這一詞語的含義。秦朝統治者所建立的中央集權管轄是全新的，甚至是革命性的，而他所統治的所有領地都成為他的郡縣，此後都由帝國首都實施統治。這個統一的、強大的秦及其長命的繼承者 —— 漢，創造了一個新的"天下"，現在通常都被等同於"帝國"。

漢初史家司馬遷（公元前 145 — 前 90）沒有將帝國等同於"天下"，他擁有一個更為寬廣的世界觀。他的多卷本《史記》對中國人來說，就如希羅多德（Herodotus, 公元前 484 — 425）的歷史之於希臘，和修昔底德（Thuydides, 公元前 460 — 前 396）之於歐洲。實際上，秦漢帝國可與古羅馬帝國和波斯帝國相媲美。但漢武帝（前 141 — 前 87）招徠的擔任帝國官員的儒學家們，仍然以天下而不是帝國作為理想和更高的道德世界。這樣就建立起儒家的傳統：以"天下"為背景的中國世界觀，並以"天下"傳達普遍的歷史觀念。

這樣，現實和理想在官方表述中融合起來，而秦漢模式也成為此後兩千年的歷史範本。一直到明朝，儒家官員都是用朝代術語來包裝官方歷史。人們認為王朝或多或少是具有連續性的，1921 年初版的《二十四史》涵蓋了從太古時期到 1644 年的整個中國歷史。幾年後，又加上了《清史稿》，將歷史敘述延伸到 1911 年。〔15〕貫穿整部《二十四史》，中國的分裂時期都被説成是暫時的，其中強調的觀念就是在中國歷史中不存在不連續性。例如，三國鼎立幾乎毫無間隙地緊接着公元 220 年東漢的滅亡，而那個分裂時期之後又緊接着重新的統一和後來的分裂。如果有那麼幾十年時間，中國沒有中央政府，那也不重要。事實上，公元 316 年後有一段更長時間的分裂，其間北方突厥 — 蒙古部族、藏族和通古斯滿族都佔領過中國北方。後來的 300 年間，沒有皇帝一統的中國，只有短命的王國保留着北方統治者，而漢人在南方重新建立起幾個國家。

在這一時期，中國被引入了一個更為廣闊的歷史畫面，包括中亞和北亞的部族，一直向西延伸到歐洲和地中海。也是這一時期，來自印度和中亞的佛教僧侶帶來一種新的視野，以一種新鮮的語彙為道德權威提供了另一個版本。這種新的世界觀讓儒家學者和其他本土思想家奮起防衛。直到公元 589—618 年隋唐重新統一，佛教一整套的精神實踐和形而上理想，都因異於中國傳統，而對"天下"概念所蘊含的和諧與文化融合理想構成威脅。但是，中國人輕鬆地吸收了這些實踐，而時間無疑也促進了新舊事物的整合。隋唐的統治者恢復了某些儒家規範。於是，儒釋道三種觀念 —— 來自各自的經典 —— 的有力融合，塑造出了一種清晰的中國世界觀，重新界定了中央政權，適應了變化的條件。

這樣，一種普遍主義浮出歷史的表面，使外來入侵者有可能在中國土地上建立起王朝並成為中國歷史的一部分，或者是以中國為中心的世界歷史的一部分。這就給歷史學家提出了一個任務，就是要確定王朝是否有資格產生"天子"——上天的兒子。儒家主導着這件事，由其來確定漢人與非漢人混合的中央政權的承擔者。誰控制了戰略性的中國領土並能將一種普遍觀念播及化外之地，他就是天子。當然，那種觀念只不過是一個理想。隋唐中央權力持續了150年，然後就有大的叛亂使邊疆暴露給來自北方和西方的侵略。公元8世紀中期之後的200年間，唐朝及其後繼的幾個區域王國只在名義上屬於中央政府。但是，像玄奘（602—664）和義淨（635—713）等佛教僧侶所提供的資訊，使他們了解到印度的政治狀況。他們與中亞的阿拉伯和波斯軍隊作戰，因而也得到了關於穆斯林帝國輪廓的報告。[16]不過，官方歷史學家仍然主張唐朝是已知世界歷史中的中央之國。

儒家歷史學家通過精心挑選的歷史部分，繼續為中國提供統一性。單一的書寫語言傳達所有的觀念，包括用佛教和道家的觀念來補充儒家經典。它們一致形成強調農業文明至高無上的共同世界觀。儘管有數個世紀的戰爭和破壞，人們看到源於古代華夏民族的文化中心已經使那些與之接觸者——包括許許多多部族侵略者羣體——適應其文化。這種文化通過禮儀、宣示和社會關係——這被認為是中國人的一部分——而得到彰顯。在土地上耕作的農民（農），從事製造的工匠（工）和通過商業網絡販賣物品的商人階層（商），都對這種文化認同的形成作出了貢獻。一個明確的中華民族（Chinese nation）包含的成分就在那兒，但是它還沒有清晰的名稱。無論如何，人們並不期望建立在儒家思想之上的國家正統教義，將國家限制在哪一個單獨的民族上。這就使得中國能夠保持開放，讓自己成為當代世界歷史中的組成部分。

10 至 13 世紀，即一般而言的北宋和南宋時期，大多數中國人並不確定是否可以稱自己國家為中國。因為很多人被迫生活在別人的國家，其中既有契丹人的遼國和通古特人的西夏國，又有被女真金國佔據的、以北宋漢人為主的中國北方各省。1279 年，蒙古軍隊征服了南宋，所謂的中國變成了忽必烈（1215—1294）統治的元朝的一部分。這意味着，中國人不再是中國人，他們（不管他們把自己說成是漢人、唐人還是宋人）必須在外族皇帝的統治下培育他們自己的文化。在至少一個世紀的時間裏，他們沒有帝國、中國或天下。於是中國自己的世界歷史被擱置起來。它變成了蒙古歷史 —— 主要由中亞勢力所決定的歐亞大陸歷史 —— 的一部分，儘管只是短暫地如此。

不過，一批文人學士保持着儒家的香火不斷，他們勸說蒙古貴族使用他們的語言並接受他們的治國理念。他們甚至勸說蒙古人對先前三個朝代 —— 宋、遼、金 —— 的官方歷史進行彙編整理。這樣，後來的歷史學家就可以將蒙古人的元朝融合到主流的中國歷史中，就如對較早的契丹人的遼和女真人的金所做的那樣。至少在歷史編纂中，"天下"的連續性得以保持，而這一外來帝國得到了正式的教化。[17] 這就讓後來的明朝在 1368 年能夠與先前所有的朝代接續上，從而重返漢唐世界觀。明朝起用了新儒家學者來恢復帝國統治的規範，從而同漢唐盛世相匹配。永樂皇帝在 1405 年走得更遠，他集合世界上最大的海軍力量到達了印度洋海岸，目的是讓中國人所知的世界都能知曉他的帝國的威嚴。[18] 付諸行動並發現海上世界並不構成對帝國的威脅之後，他的後繼者就將這一政策棄置一旁，再也不搭理那一半他們實際上知道並與之互動的世界。他們轉而開始修築長城以抵禦蒙古人的入侵，滿足於成為一個小一些的帝國和防禦性的中央政權。一個更完滿的世界歷史並不在他們的議事日程中。

　　明朝的滿族繼承者並不知道他們的王朝會成為最後一個支持儒家思想的帝國。他們仍然是滿族，但是需要時他們就會給自己加上中國和天下的修辭。這一策略贏得了漢人精英的支持，使他們接受滿族的統治。雖然這一招取得了極大成功，但卻並不足以讓清王朝應對來自現代歐洲帝國的新挑戰。不過，一些普通中國人，特別是中國南方對滿族統治懷恨在心的中國人，以及那些從東南亞貿易中獲益的商人，他們經歷了一些新的東西。他們接觸到歐洲商人和官員，這些人最終讓他們了解到了一種民族身份感。這發生在 17 世紀中葉荷蘭人因成功反叛而建立起新的民族國家之後。緊隨工業革命，英國成為世界上最強大的國家，而民族性（nationality）的概念被介紹給中國人，包括從廣東和福建到海外經商的商人們，他們住在荷蘭和英國的殖民地。這樣，他們了解到他們是"中國人"，就像其他人是荷蘭人、英國人、馬來人、印度人或阿拉伯人一樣。他們佩戴着這樣的民族標籤並且數代居住在中國以外的地方，他們的身份被廣為知曉和接受。[19] 在荷屬東印度羣島（今印尼）和英屬海峽殖民地的中國人，仍然以他們來自中國南方城鄉的祖先而自豪。他們自稱為唐人，並不理會統治着帝國的滿族人。他們共用相同的價值觀，以及來自他們各自家鄉 —— 大部分是廣東和福建 —— 的價值觀。他們可能不會對歐洲人關於中國歷史的看法感興趣，但他們可能已意識到歐洲人有另一種曆法，而基督教歷史迥異於馬來亞及爪哇的穆斯林的歷史。有一些人可能還注意到歐洲人和當地土著的世界觀與他們自己的世界觀的差異。只是沒有人在意，由於世界的進一步全球化，那些差異會導致對世界歷史的不同解釋，而那些解釋有一天會不利於對中國歷史的解釋。

19 世紀末，孫中山的支持者包括了那些已經熟悉民族主義觀念的海外華人。孫中山發現，這些同胞大多已經擺脫士大夫的視野，即那些從未離開過中國的儒家精英的視野。從海外，他們發現很容易理解一個漢民族主義者推翻滿族統治的正當性。相比較而言，滿族精英接受的是儒家普遍主義的灌輸，因而，與他們的漢人同僚一起，他們無法應對對其合法性的這種攻擊。在他們垮台之後，新一代的中國史學家自由地使用歷史連貫性概念，來與西方同行所寫的世界史進行直接的比較。[20] 但那並不容易，因為中國的共和國，無論怎樣革命和改革，還是與作為主流歷史話語之核心的民族國家有非常不同的標準。

　　早幾代的中國人已經準備把這個國家重建為一個民族國家。然而這種現代政體建立在一套完全不同的國際關係基礎上。它使共和國暴露在過多的概念之中，如公民、國民、國際、種族和少數民族，這些都是年輕一些的中國人所願意擁抱的。但是，現在人們對現代民族國家的本質有了更深的理解，已經很難再將中國放進那一模式當中去了。中國所做的就是拒絕承認其帝國形象，宣稱自己是一個獨特的多民族國家，仍然是全球史的一部分。

　　但是，每一個國家的歷史都擁有不能被輕易忽略的深刻根源。沒有哪個國家能夠真正只從現代開始。中國有它自己的遺產，這是非常寶貴的社會資本。它的人民仍然與他們自己的歷史緊密相聯。他們的歷史學家也知道沒有甚麼敘事是最終版本。每一個國家過去的經驗仍然深深地影響着人們今天的思考和行動方式。中國人關於他們的帝國和中央之國的記錄並沒有真正死亡，即便對居於中國境內的非漢族少數民族來說，也是如此。中國史學家仍然能夠儘量借助過去來影響他們在未來世界歷史中的位置。

注釋:

〔1〕 趙爾巽、柯劭忞:《清史稿》(536 卷)(北京:清史館,
1928 年)。孟森、蕭一山等歷史學家分別撰寫了各自的清
代史。新中國成立後,鄭天挺、戴逸主持清史編撰。最終,
在 2003 年,戴逸受命編撰新的正史。

〔2〕 20 世紀早期書寫歐洲史和世界史的努力受到日本《西洋史》
的影響。最好的一部是陳衡哲在 1924 至 1927 年間編寫的,
後來再版數次,最近的一次是在 2010 年,陳衡哲:《西洋
史》(長沙:岳麓書社)。20 世紀 50 年代,新中國的歷史學
家們跟隨蘇聯同行,不過這在 20 世紀 70 年代過後停止了,
Timothy Brook(卜正民),"Capitalism and the Writing of
Modern History in China", Timothy Brook and Gregory
Blue (eds.), *China and Historical Capitalism: Genealogies
of Sinological Knowledge* (Cambridge: Cambridge
University Press, 1999), 110-157;Wang Gungwu(王賡
武),"Juxtaposing Past and Present in China Today",
The China Quarterly, no. 61 (March 1975) 1-24;Prasenjit
Duara(杜贊奇),"Linear History and the Nation-state",
載於 *Rescuing History from the Nation: Questioning
Narratives of Modern China* (Chicago: University of
Chicago Press, 1995), 17-50;Leif Littrup, "World History
with Chinese Characteristics" ,*Culture and History*, no.5
(1989), 39-64; 及 Ralph Croizier(哥斯亞),"World

History in the People's Republic of China", *Journal of World History*, 1.2（Fall 1990），151-169。

〔3〕 伏爾泰（Voltaire）：《風俗論：論各民族的精神與風俗以及自查理曼至路易十三的歷史》，梁守鏘譯。我不知道利奧波德・馮・蘭克（Leopold von Ranke）的《世界史》（Weltgeschichte）有沒有中譯本。威爾斯（H. G. Wells）的《史綱》非常著名，在 1933 年由梁思成等人翻譯成 2 卷本《世界史綱》（上海：商務印書館，1933 年）。在中國人受蘇聯影響而編寫的世界史中，周一良和吳於廑編的 4 卷本《世界通史》（北京：人民出版社，1962 年），大致是採取了一種將西方和蘇聯的闡釋結合起來的特殊方式。

在美國，由於威廉・麥爾尼（William H. McNeill）的 *The Rise of the West: A History of the Human Community*（Chicago: University of Chicago Press, 1963）的成功，越來越多的大學開始教授世界歷史課程，教材數量也迅速增加，比如 Ainslie T. Embree and Carol Gluck 主編，*Asia in Western and World History: A Guide for Teaching*（Armonk, NY: M.E. Sharpe, 1997）。20 世紀 80 年代對外開放以後，這些書在中國吸引了更多的注意；見張芝聯：《二十年來演講錄（1986-2006）》（北京：生活・讀書・新知三聯書店，2007 年）。

〔4〕 這已經在關於多元文化的討論中涉及了：Dominic Sachsenmaier and Jens Riedel（eds.）*Reflections on Multiple Modernities: European, Chinese, and Other*

Interpretations（Leiden: Brill, 2002）；Alexander Woodside, *Lost Modernities: China, Vietnam, Korea and the Hazards of World History*（Cambridge, MA: Harvard University Press, 2006）。1990 年年初，世界史學會的官方雜誌《世界史雜誌》，確立其自身為來自世界各地的歷史學家一貫堅持全球視野的最為成功的嘗試。

〔5〕 引自 1982 年 5 月 21 日我作為澳大利亞人文學院院長所作的年度報告 "The Chinese Urge to Civilize: Reflections on Change", *Journal of Asian History*, 18.1（1984）1-34；以及拙著 *The Chineseness of China: Selected Essays*（Hong Kong: Oxford University Press, 1991）,145-164。我的譯法稍異於 Cary F. Baynes, *The I Ching*；或 *Book of Change: The Richard Wilhelm Translation Rendered into English*（London: Routledge & Kegan Paul, 1951）, 353, 356。

〔6〕 古時，"天下" 一詞與任何政治單元沒有聯繫。相反，它指的是一個更為廣大的世界，其價值可以延及所有相關的人。例如，趙汀陽的《天下體系：世界制度哲學導論》（南京：江蘇教育出版社，2005 年）。

〔7〕 梁啟超（1873 — 1929）可能是現代第一個強調變化（參見後面注釋 14 和 22）的人，但第一個論證唐朝時期的大突變的是陳寅恪：《隋唐制度淵源略論稿》（上海：商務印書館，1946 年）和《唐代政治史論述稿》（上海：商務印書館，1947 年）。日本學者內藤虎次郎（1866 — 1934），即著名的內藤湖南，在更早的時候作出了重要突破：傅佛國（Joshua

A. Fogel)(ed.), *Naitō Konan and the Development of the Conception of Modernity in Chinese History*(Armonk, NY: Sharpe, 1984)。

〔8〕《世界史雜誌》最近發表了兩篇評論 UNESCO 原創性的文章：Glenda Sluga, "UNESCO and the（One）World of Julian Huxley", 21.3（2010）393-418。Poul Duedahl, "Selling Mankind: UNESCO and the Invention of Global History, 1945-1976", 22.1（2011）101-133。

〔9〕司馬遷（前 145—前 87）的《史記》囊括了到他生活的時代為止的全部歷史，班固（32—92）的《漢書》是第一部斷代史。撰寫了《史通》的劉知幾（661—721）是中國第一位歷史哲學家。司馬光（1019—1086）的《資治通鑒》是有關中國直到公元 959 年的整個 1400 年歷史的一部歷史巨著。章學誠（1738—1801）撰寫了在西方史學到來之前可能最為成熟的關於歷史思想的文章。 唐朝時期，歷史書寫制度化，由專設機構進行，並為將來官方歷史的彙編建立起一個官僚組織。Denis Twitchett（崔瑞德），*The Writing of Official History Under the T'ang*（Cambridge: Cambridge University Press, 1992）, 5-30。

〔10〕鄭永年在他的 *Discovering Chinese Nationalism in China: Modernization, Identity, and International Relations*（Cambridge: Cambridge University Press, 1999）一書中，將中國置於 1949 年之後的語境中；Frederic E. Wakeman, Jr.（魏斐德）考察了這一歷史語境，參見他的論文 "Models of Historical Change: The Chinese State and Society, 1838-1989", *Telling Chinese History: A Selection of Essays*, selected and edited by Lea H. Wakeman（李域文）(Berkeley: Universtiy of California Press, 2009), pp. 370-409. 在 Martin Jacques（馬丁‧雅克）, *When China Rules the World: The Rise of the Middle Kingdom and the End of the Western World* (London: Allen Lane, 2009) 一書中，中國被譯為英文 "Middle Kingdom"，從而榮耀重返。

〔11〕許冠三：《新史學九十年》(2 卷)（香港：中文大學出版社，1986、1988 年)。1949 年之後在大陸繼續寫作的馬克思主義和非馬克思主義歷史學家之間的比較很有意思，前者如範文瀾、翦伯贊和郭沫若，後者如陳垣、陳寅恪、顧頡剛和雷海宗。馬克思主義（及其中國化形式即毛澤東思想）史學中的某種極端立場在下面這本書中得到論述：費維愷（Albert Feuerwerker）主編，*History in Communist China* (Cambridge, MA: MIT Press, 1968)。早期的《歷史研究》(1954—1966、1975—1980 年) 雜誌與鄧小平 20 世紀 80 年代改革之後出版的各期之間的對比，也證明了多元主義的出現。

〔12〕在很長一段時間裏，全球視角一直由關於現代海上帝國的歷史寫作佔領着。然而，最近，出於對橫跨歐亞大陸的論爭的考慮，平衡被打破了。特別引人注目的是 Peter C. Perdue（濮德培），*China Marches West: The Qing Conquest of Central Eurasia* (Cambridge, MA: Belknap Press of

Harvard University Press, 2005），以及 Victor Lieberman, *Strange Parallels: Europe, Japan, China, South Asia, and the Island*（Cambridge: Cambridge University Press, 2009）。

〔13〕孫中山在其早期的海外遊學生涯中接觸到一系列的民族主義，引導他在夏威夷成立興中會。康有為：〈強學會序〉，見湯志鈞編《康有為政論集》（北京：中華書局，1981 年）165 至 166 頁。梁啟超：〈論中國積弱由於防弊〉，載《時務報》（1986 年）（台北：華文書局，1967 年再版），第 9 卷，551 至 554 頁；〈愛國論〉，載《清議報》（1899 年；台北：成文出版社，1967 年再版），第 6 冊，327 至 329 頁；第 7 冊，391 至 395 頁；第 22 冊，1397 至 1403 頁。章炳麟：〈論亞洲宜自為唇齒〉，載《時務報》，第 18 卷（1897 年），1177 至 1178 頁；〈序種姓〉，見《訄書》（1901 年）（上海：古典文學出版社，1958 年再版），41 至 53 頁。

〔14〕這就是"打天下"的話語，這個詞成為局外人通過征戰而獲取帝國統治的觀念，與原來的儒家理想很不一樣。如今"天下一統"成為網絡遊戲中以戰鬥贏得帝國的醒目用語。

〔15〕上海商務印書館在 1930 至 1937 年間出版了 820 卷本的《二十四史》。《清史稿》沒有被包括進去。後來台灣出版了《二十五史》的另一版本，收入了柯劭忞的《元史》新版本。清史編撰委員會重新審訂了 1927 年的《清史稿》，出版了 8 卷本的《清史》（台北："國防研究院"，1961—1963 年）。

〔16〕關於印度和中亞各國，見玄奘著，季羨林等編注：《大唐西

域記》（北京：中華書局，2000 年）。關於塔拉斯反抗阿拉伯人和波斯人的戰爭，見 Vasily V. Bartold, *Turkestan Down to the Mongol Invasion*, tr. T. Minorsky and Clifford E. Bosworth（London: Luzac, 1928），191 至 197 頁；以及薛宗正《安西與北庭：唐代西陲邊政研究》（哈爾濱：黑龍江教育出版社，1995 年）。

〔17〕我很感激 Igor de Rachewiltz 的學識，他盡力疏通了關於蒙古和元的資料。他的權威性研究更為我提供了對中國文人學士的全新理解；Igor de Rachewiltz et al.（eds.），with the assistance of May Wang, *In the Service of the Khan: Eminent Personallities of the Early Mongol-Yuan Period（1200-1300）*（Wiesbaden: Harrassowitz, 1993）。

〔18〕對於最近在中國和在西方被"重新發現"的鄭和航海，存在大量的不確定的解釋。有人強勢地宣稱鄭和航海標誌着對中國在世界歷史中所處位置的一種全新視角。先驅性的研究始於 Paul Pelliot, "Les grands voyages maritimes chinois au début du XVe Siècle"，中譯本為馮承鈞、伯希和的《鄭和下西洋考》（上海：商務印書館，1934 年）。在 2000 年之前最全面的中文資料彙集是鄭鶴聲和鄭一鈞編的《鄭和下西洋資料彙編》（兩卷）（濟南：齊魯書社，1983 年）。2000 年之後還有大量的研究。對這一主題的清晰總結，參見 Edward L. Dreyer（愛德華‧德萊耶）, *Zheng He: China and the Oceans in the Early Ming Dynasty, 1405-1433*（New York: Pearson Longman, 2006）。

〔19〕 G. William Skinner（施堅雅）, "Creolized Chinese Societies in Southeast Asia", Anthony Reid（安東尼・瑞德）（ed.）, *Sojourners and Settlers: Histories of Southeast Asia and the Chinese: In Honour of Jennifer Cushman*（St Leonard's: Asian Studies Association of Australia in association with Allen and Unwin, 1996）, 51-93；Khoo Joo Ee, *The Straits Chinese: A Cultural History*（Kuala Lumpur: Pepin Press, 1996）；Wang Gungwu（王賡武）, "The Peranakan Phenomenon: Pre-national, Marginal, and Transnational", Leo Suryadinata（ed.）, *Peranakan Chinese in a Globalizing Southeast Asia*（Singapore: Chinese Heritage Centre and National University of Singapore Nuseum Baba House, 2010）, 14-26。

〔20〕 梁啟超 1902 年的論文《新史學》受到了他所讀到的歐洲歷史的影響；《新民叢報》（台北：藝文出版社，1966 年），第 1、3、11、14、20 卷。實際上其他一些歷史學家開始重新書寫中國歷史，如柳詒徵的《中國文化史》（上海：科學文獻出版社，1932 年初版、2008 年再版）。還有變修歷史者如顧頡剛在 7 卷本《古史辯》（1926－1936；上海：古籍出版社，1982 年再版）中開始懷疑中國古代歷史記載。他為《古史辯》所作的序的英譯和注解參閱 Arthur Hummel（恆慕義）, *The Autobiography of a Chinese Historian*（Leiden: Sinica Leidensia, 1931）。在那一代歷史學家中，何炳松引人注目，他有意識地試圖發展新的方法論，特別是他的《歷

史研究法》（上海：商務印書館，1927 年）和《通史新義》（上海：商務印書館，1930 年）。

第二章　另一種民族國家

　　晚清帝國接受了兩個描述自己的詞語："China"和"empire"。"China"這個外來名字相當於中國，而歐洲人的"empire"概念可譯為帝國，即有皇帝的國家（emperor-state），如日本人所譯的那樣。反過來，"中國"按字面譯成英文就是 Middle Kingdom 或 Central State（中央之國）。由此，中國統治者脫離了傳統儒家所強調的思想，即王朝統治者是上天的兒子（"天子"），是普天之下（"天下"）的主子。既然被稱為大清帝國，清廷也逐漸承認清朝中國與歐洲帝國，如大英帝國是對等的，雖然不完全相同。由於後者是當時世界上最強大的帝國，作為其對等者的中國的地位也是令人尊敬的。

　　在當時的情況下，名稱的改變是可以接受的。但是，對於中國的歷史敍述而言，作為幾個帝王國家之一的"帝國"概念，意味着可以把清朝與戰國（前 403—前 221）羣雄之一相提並論。[1]當時，開始研究歐洲諸國的學者們就用"戰國"這個詞彙來描述 19 世紀的歐洲。不論是否屬實，按照這種分析，最終是否會導致某種偉大的統一並不清楚，但西方列強已經建立起交往規則，並作為國際法介紹給了中國。正是在這些新的規則之下，中國進入一個你爭我奪的列強世界當中。[2]

與此同時，滿族精英和他們的漢族官員仍然堅持中華文明過去是中心，現在仍然輝煌而獨特。借由這種方式，一方面，他們頭腦中仍然保留着含糊不清的"中華""天下"的文化理想；另一方面，又公開把清朝視為中國或帝國。"中"這個字強調了文明和國家的核心地位，但當中國也是一個"帝國"的時候，China，這個帝國的名稱就變成了"中華帝國"。這個名稱不一定是永久的，但是對於中國而言，成為一個與歐洲帝國相對等的帝國以及世界霸主之一，這是一個重大的決定。對此，清王朝別無選擇，只有接受。它從中看到的是一個扭曲的"天下" —— 沒有"天子"作為中心的"天下" —— 而這會危及其生存。

把自己與那一歷史階段的西方帝國等同起來，也帶來一些後果。像英法這樣最強大的帝國不同於過去的封建帝國，它們已經從全球貿易帝國演進為民族帝國（national empires），即同時亦為民族國家的帝國。把清朝與這樣的民族帝國相比較，不禁讓每個人 —— 不止是被滿族統治着的漢人 —— 想起清朝皇帝是漢人的明朝的征服者。

如果拿當時的滿族人與在印度或其他地方的英國人、印度支那的法國人，以及東印度群島的荷蘭人相比較，清朝說到底也是一個民族帝國，它以漢人的大多數，成為蒸蒸日上的滿族臣民。當然，到 19 世紀，大多數滿族人的漢語和文化價值觀已經與漢人難以區分；中國的大多數漢人也對滿族人變得習以為常了，認為他們跟自己沒有太大區別。但是，對那些到西方帝國去工作和居住在那裏的漢人臣民，以及那些去過海外的學生和商人來說，滿漢之間的殖民關係顯而易見。他們在海外居住的時間越長，就越清晰地意識到那種由現代國家所培養的民族身份感。許多人開始認為這種民族身份是滿族人統治的清朝所拒絕承認的。〔3〕

於是，民族和民族身份的問題突顯出來，並成為反抗 —— 先推翻滿族統治繼而反對帝制國家本身 —— 的合法性根據。正是由於這樣的情境，對許多中國人來說，不管他們是漢族還是滿族，從對中國的傳統用法到作為一個民族的用法的轉變，即便不是極端令人混亂，也是件麻煩事。如果按照西方民族帝國類推，滿族的統治者和官僚在他們徹底失敗之後就得回到滿洲的地界去。我們知道，這並沒有發生，因為大部分的滿族人已經接受了漢人的文化價值觀，並在很大程度上融入了更為廣大的中國社會。另外，由於允許北方的漢族農民開墾滿族人的土地並在那裏居住，滿族人已經無鄉可回。20 世紀早期，當漢族民族主義者認識到歐洲對民族的定義具有領土含義時，他們很快就轉而談論"五族共和"，即漢族和滿族，以及蒙古族、回族（穆斯林）和藏族同在新的中華民國之內。

於是，1912 年的革命領袖面對的是一種新的現實。人

們一直拿清朝的疆域與那些民族帝國的疆域相比較,尤其是
20 世紀上半葉,蒙古族、藏族和維吾爾族都堅持他們不是中
國人,這就使人很難忽略這樣的比較。他們在文化上的區別
是明顯的。他們不願將對清朝皇帝的封建關係,變成一種不
同的對漢人國民黨政府的效忠,這並不令人驚訝。變化的關
係反映了在西方編製的清朝帝國版圖上一直被強調的,將中
國十八省(主要是那些明朝統治的地區)與諸如東北、蒙古、
新疆(在 1882 年成為中國的新疆省)及西藏區別開來。在
18 世紀,這些地區大部分曾被滿族統治者征服,或被引導接
受與後者的封建關係。

　　1911 年後,中華民國被分割開來,許多人把它視為軍閥
割據下的一些小半殖民地的拼圖,這些軍閥從各個列強那裏
尋求經濟和軍事上的支持。不過,這並沒有改變事實,即中
國的領導者堅持其帝國從清朝承接而來,清朝的所有土地都
是中國的組成部分。儘管日本和俄國對分裂東北和蒙古野心
勃勃,但中國的外交官還是利用外來各民族帝國之間的利益
制衡,保持了中國邊疆或多或少的完整性。唯一的例外是,
外蒙古最終在俄國人的支援下脫離了中國。這一損失對中國
領導者是一個慘痛教訓,之後他們更加致力於維護領土免受
外來侵犯。年輕的中華民國不得不奮力救亡圖存。從蔣介石
到毛澤東,採用了不同的戰略和意識形態,中國最後幾乎實
現了完全統一。1945 年後,由於取得聯合國成員資格 ——
起先是中華民國,然後是中華人民共和國 —— 不論怎樣,中

國被正式承認為一個民族國家，像其他所有民族國家一樣。

　　從帝國變為共和國，或者說從帝王國家變成民族國家，開始只是一個名稱的變換。但民族國家是一個新事物，在中國歷史中沒有根基，將"民族"這個詞翻譯為 nation，並沒有使問題變得容易。在當時盛行的社會達爾文主義的語境下，"民族"這個詞太接近種族及其所有衍生概念的詞語。此後，不論是政客還是文人，都殫精竭慮想要釐清"民族"的含義。[4]民族主義者接受了 20 世紀國際法及其實踐中所使用的命名法，主要是因為他們知道背離這一命名法並非國家利益所在。第二次世界大戰之後，民族帝國走到終點，反帝國主義成為一個流行口號，民族主義者們期望在新的國際體系中，只有民族國家是合法的。日、英、法、荷之類的帝國被廢除，各帝國的國民都回到了故國。只有中國沒有出現這樣的情況，因為滿族統治精英們沒有自己可以返回的民族故鄉。1912 年之後的 30 年內，分裂的共和國在文件上宣稱絕大部分清帝國領土屬於其現代疆界。

　　由於冷戰，公眾注意力轉向超級大國美國和蘇聯。雖然這兩大權力採用不同的意識形態假設，卻都一致反對帝國的概念。在爭霸競賽中，這兩個國家都使用諸如自由、解放和平等之類的詞語，但是含義不同。就這樣，在幾個武裝聯盟的表象之下，他們掩蓋了由冷戰所催生的"冷戰帝國主義"。中華人民共和國追隨蘇聯的政策，將自己界定為一個由 56 個民族組成的多民族國家。但是，就像蘇聯承繼了沙皇俄國的疆域一樣，中華人民共和國也不可能擺脫其帝國的源頭。用當今世界歷史框架的術語來說，中華人民共和國可以視自己為一個多民族的國家，但當其他國家為自身利益挑戰中國疆界的完整性時，它們還是會指責它的帝國歷史。那些敵視中華人民共和國政權的人發現，這是一件迫使中國人採取守勢的有力工具。這個國家中人數較眾的少數民族也訴諸文化差異，認為他們的文化受到了漢族的威脅。

在中國，時至今日，幾代學者一直在討論"民族"、種族和國家問題，各式各樣的觀點大多來自他們對西方社會學和人類學的解讀。然而，從國家（state）的觀點來看，中華民國以及後來的中華人民共和國都選擇了將問題簡化的做法，將在他們各自認定的邊界範圍內的所有人都視為中華民族，一個由所有民族羣體構成的中華民族。[5]

不過，認為中國仍然是一個帝國國家的觀點並未消失。儘管現代帝國在 20 世紀起起落落，但現在很清楚，帝國的觀念仍然是一個現實。近年來，在西方一直存在着反對邪惡帝國的呼聲，也存在着為某些所謂相對溫和的帝國作辯護的聲音。現在，帝國又被重新提上了議事日程。人們可以説美帝國打敗了蘇聯帝國，它現在還準備阻止對其構成挑戰的其他帝國的崛起。如果看亞洲，一個強大而繁榮的中國已經成為其關注的目標，尤其是在把它視為一個倖存的和復甦的帝國。在亞洲其他地方，我們也能發現類似的帝國傳統，它們已經對建設新的民族國家的努力投下了陰影。它們的經歷還近在眼前，未來的發展也並不清晰，但是關於帝國制度重新出現的觀點，我們已經不能視而不見。

大部分的帝國研究描述和討論的是過去 5000 年來帝國是如何形成和發展的。但事情看上去有點虎頭蛇尾：在冷戰結束九年之後，亞洲人為歐洲最小、壽命最長的帝國的終結而歡呼雀躍，葡萄牙人在澳門待了 442 年之後，最終於 1999 年撤離。這一地區的許多國家數十年前就已經歡慶帝國時代的終結，所以 1997 年香港、1999 年澳門的權力交接儀式比輕歌劇還要多一些娛樂性。現在已經到了這樣一個時候，人們可以說，這是亞洲反帝心態的一個恰當的尾聲。

今天，大多數亞洲人已經受夠了帝國，根本不想看到它再回來。誰能預計，在 2001 年紐約世貿大廈遇襲的心靈創傷之後，美國會重新翻開帝國之書；更令人驚訝的是，現在的帝國研究包括了對美國作為一種可能的新型帝國的延伸研究，而後者給自己佈置的任務就是預防其他帝國的重返。那個在 18 世紀末建立起首個新的民族國家的老殖民地，已經因其在過去一個世紀中多次的帝國企圖而雙手沾滿血污，但在許多別的殖民帝國的臣民眼中，它卻正當地代表了對舊帝國的肢解。那麼，當美國與帝國概念發生關係時，到底發生了甚麼？我們是否一直都弄錯了帝國的歷史呢？

歷史上有不同的帝國版圖和各式各樣的帝國。來自東亞和東南亞的帝國歷史中的三個例子，表明了亞洲帝國權力不斷變化的本質。第一個是本土原有的，很早以前就在中國和馬來羣島建立起來；接着是 16、17 世紀的遠端海上帝國（long-distance maritime empire），它們先是受君主制的政體的支持，繼而由貿易公司來組織；後來，到 18 世紀末，貿易帝國演變成現代民族帝國。帝國的這三種傳統相互交疊達數個世紀，而令人感興趣的是，這三種傳統是如何在第二次世界大戰結束後又在亞洲相互交錯的。正是在這種更寬廣的歷史背景下，中國在亞太地區的崛起現在已成為一個越來越重要的主題。

在亞洲慶祝第二次世界大戰結束時，想到 1937 至 1945 年間日本人試圖建立的那種帝國，再也不會捲土重來，這是令人欣慰的。然而，這更像是一種一廂情願的想法，我們現在看到的帝國雖然更加微妙，卻依舊是可能的。當然，人們在很廣泛地使用"帝國"一詞，不僅用於政治實體，也用於商業、金融、傳媒和文化帝國。在新殖民主義和新帝國主義這樣的詞語中，也包含着含混不清卻又相互關聯的概念。這裏不是深入討論這個問題的地方，但這些就是事實上的帝國的實例，它們展現了人們熟悉的帝國的政治權力和影響。

從 20 世紀的觀點來看，這個世紀始於中國的帝國模式劫後餘生之時，之前中國在與列強的戰爭中慘敗，最終以 1900 年 8 月聯軍攻佔北京畫上句號。至於馬來羣島，當菲律賓羣島本地的反抗將西班牙人趕走，而葡萄牙人緊抓着兩塊小的飛地澳門和東帝汶不放的時候，早期的現代伊比利亞帝國已經度過了一個轉捩點。東印度羣島的荷蘭掙扎於充當英帝國和法帝國的一個小型版本。與此同時，一個依照英國模式產生的新帝國，在這地區獲得了海軍力量。作為前殖民地和新興民族國家，美利堅合眾國猶豫不決地向太平洋地區挺進，聲稱要趕走西班牙殖民者從而進駐菲律賓羣島。

在亞洲，日本沒用太長時間就開始學習西方，並對英國這個西方唯一的全球性帝國提出挑戰。在充滿變故的半個世紀中，各個帝國都經歷了兩次世界大戰造成的轉變。令人震驚的是，這一帝國黃金時代是多麼的短暫。到 1945 年，人們已經很清楚，19 世紀的各民族帝國已經難以為繼。20 世紀餘下的後半世紀的去殖民化過程，要使這一地區邁向新興獨立國家的紀元，而許多這樣的國家必須拼盡全力，以避免淪為失敗的民族國家。

帝國的觀念被轉換成為一系列的國際實體。英國在以英聯邦的名義界定其先前的殖民地和領地時，表現出非比尋常的靈活性。法國則嘗試採用與此類似的法蘭西聯邦，以及後來的法蘭西共同體。這些衰落的帝國在卸下自身的帝國負擔時，施展了聰明的政治手腕，但是這些努力最終沒有哪一個實現了英法原來希望達到的影響。主要原因是兩個新帝國，或類帝國的權力中心，在美國和蘇聯崛起。在接近 50 年的時間裏，彼此的生死搏鬥壓倒了所有別的渴望。

雖然現代帝國的光環正在褪色，大多數亞洲人也樂意看到它們的終結，但歷史書中仍然保留着另一些帝國觀念。例如，中國的一些歷史著作仍然在理想化中國的帝國文明，即使已經指出其制度的最終失敗。同時，爪哇和馬來的政治領導人也向人們談起他們過去的帝國，特別是三佛齊（Sri Vijaya）、滿者伯夷（Majapahit）和馬六甲（Malacca）帝國。這樣的事情還在發生，因為那些將自己從帝國主義懷抱中解放出來的人們，不得不容忍帝國主義權力的某些因素，正如冷戰時期的蘇聯和美國所展示的。另外，還有英聯邦的偽善伎倆，以及英國人在香港的最後設防 —— 處心積慮的帝國秩序在那裏將去殖民化過程拖延了好幾十年。

因此，20 世紀的亞洲可以説一直生活在帝國的陰影之下，而這些陰影有不同的形式。其中最廣泛存在的形式，就是取代了殖民國家的無所不在的民族國家。它們並非僅僅是帝國的最終產品，而是已經成為這一地區潛在的競爭與緊張狀況背後的新的推動力。也許我們不應對此感到驚訝，即因帝國的終結留給世界的這些大小各異、強弱有別的民族國家，在條件允許或需要的時候，如果不是建立起其自己的帝國的話，有可能成為未來帝國的組成部分。

帝國的陰影，一方面承載着早期傳統的影響，一方面也彌漫於新的國家中。從大英帝國的這一地區，產生了馬來西亞聯邦。不過，馬來西亞人最初的試驗失敗了，新加坡脱離出來成為一個新的國家。人們預期這些新國家都會向宗主國即大英帝國學習。而權力轉移的不尋常特徵在於，新國家應該是民主的，是有普選權的。這一點為大多數民族主義領導者所接受，只是在有的地方是很不情願的。新加坡的主要種族是華人，但是其領導人致力於多文化民族的理想而採取了政治上的克制。馬來西亞的主要羣體是馬來人，還有龐大的華人和印度人等少數族羣，大家都滿懷希望地要建立新的國家 —— 成為魯伯特・愛默生（Rupert Emerson, 1899—1979）所謂"從帝國到民族"的轉變過程的一個範例，然而這並沒有妨礙馬來亞民族主義領導者，不僅乞靈於民族國家，還乞靈於馬六甲帝國的遺產。[6]

至於印尼，民族主義者的聲音中提到了以爪哇為中心的滿者伯夷王朝的復興。雖然那一王朝歷史現在已經隱匿無聲，但是使構成新民族國家的羣島領土匯聚起來的深層傳統仍然極富號召力。更近些時候，穆斯林社羣的首要傳統 —— 以古老的哈里發國的復興野心為代表 —— 已經改頭換面，它可能標誌着對前伊斯蘭王朝（如三佛齊或滿者伯夷）遺產的一種挑戰。[7]而在這背後，全都是荷屬東印度羣島版圖的遺產，從蘇門答臘北端一直延伸到新幾內亞島（伊里安查亞）的西半部。總括而言，調和帝國傳統與新民族國家的需要仍然是一個艱巨任務。

至於中國，第二次世界大戰結束後，國民黨政府有機會統一中國，但是有甚麼東西是他們可以藉以建設新國家的呢？他們只有舊帝國的殘餘，不管是清朝的，還是歐洲的或日本的。難題必須面對。對於中國人來說，民族國家是唯一可以採用的模式嗎？還有另外的選擇嗎？四年之後，國民黨在對共產黨的內戰中失敗。從那以後，一個不同的帝國陰

影 —— 在東南亞的共產主義帝國的陰影 —— 成為人們猜測的主題，而中國就是被恐懼的物件。人們要如何將蘇聯的這一躊躇滿志的冷戰夥伴與舊時的帝國相比較？具有諷刺意味的是，中國政府反過來又受蘇聯帝國的陰影的控制，後者利用國際主義的修辭來為其對中國的干預進行辯護。

重要的是，像美國一樣，蘇聯和中華人民共和國都採取了強而有力的反帝立場，始終支持世界各地反殖民和反帝國主義的情緒和運動。冷戰雙方所製造的陰影是兩種意識形態帝國的陰影，雙方都力圖贏得剛剛獲得解放的人們的擁護，而這些人都以為他們將成為自己民族國家的主人。修辭既具誤導性，也令人困惑。亞洲新成立的國家是否僅僅是從一種帝國換成另一種帝國呢？難道他們擺脫強硬的地域帝國僅是為了承受溫和一些的帝國的陰影嗎？最後，這些會以一種新的帝國的形式出現嗎？它會跟以前的帝國一樣強大，甚至更強大嗎？

以上所述的亞洲帝國傳統 —— 本土帝國的傳統、商業帝國的傳統以及現代民族帝國的傳統 —— 有助於我們探究現在和將來的帝國陰影。這些傳統對現代的發展到底產生了多大的影響呢？

東亞和東南亞的本土政體，包括了幾個現在已經被確認為帝國的國家，中國的那些帝國是不會被弄錯的，雖然中國的歷史記載認為並沒有甚麼帝國傳統，但中國實際上經歷了幾種不同的帝國。第一種，據稱持續到公元前 3 世紀，大體

上是封建的，是中國北方黃河流域土生土長的。商朝和周朝
只是在回顧中、在名義上算是帝國。但接下來的第二種，秦
朝和漢朝就是中央集權的帝國了。它們統一了中國北方各政
權並向南擴張到南海。這個帝國一直持續到公元 3 世紀末，
是儒家帝國國家的原型。第三種帝國，受到來自北亞和中亞
的部族聯盟的強大影響，將權力結構與佛教的王權觀念結合
起來，統治中國北方不同地區長達 200 多年之久。與此同
時，佛教理想也被引入已經遷都到南方的漢人王朝。他們豐
富了在公元 6 世紀的精英中間重新復興的儒學，並最終幫助
新一代的儒家官員在北魏和北周重新取得政治權力。

公元 7 世紀，本土的統治觀念與佛教的統治觀念相融合
帶來了唐朝的繁盛。漢化的門閥世族及其精英支持者大部分
是漢人與突厥人的混血兒，在公元 581 年隋朝奠基者重新統
一中國之前的分裂時期，他們對一種新的中國文化身份的界
定起到了至關重要的作用。[8] 即便當中央集權遭到始於公
元 8 世紀中期的叛亂、入侵和內戰破壞時，那一結構還是有
彈性和復原力的。從那以後，大約 400 年的時間裏，從唐朝
的覆亡，到五代的分裂，再到南宋的衰微，沒有獨立的權力
結構能夠重拾唐朝所建立起來的基業。直到公元 13 世紀，
蒙古人給中國帶來了另一種大陸帝國，它不僅吞併了別的征
服者王朝如西夏和金，還吞併了曾是新儒家國家的宋。雖然
元朝這個龐大帝國對中國的統治只是從 1279 年到 1368 年，
但是它留下了一個強而有力的結構，使其後繼者明朝在 14

世紀下半葉能夠將它與新統治者力圖復興的漢唐制度結合起來。[9] 1644 年之後，這種混合結構得到了征服者的進一步加強，這些征服者來自長城外的森林、草原和沙漠，他們後來將帝國一直向西擴展到更遠的中亞。這個清帝國結合了滿人、蒙古人和漢人的世界觀，在 18 世紀後半葉達到其權力的頂峯。不過，到 19 世紀，它遇上了來自海上的更強大的現代民族帝國。

中國內外的歷史學家都經常強調中華帝國的一脈相承（oneness）。1911 年後中華民國的大多數中國人也都傾向於認為，他們的新國家符合一貫的連續性，特別是追根溯源到中國古代文明的時候。它為聯合中國境內的各式各樣的人提供了一幅鮮明的圖景。但是，我們不能把與古代文明的聯繫混同於擁有一個單一的帝國傳統。如上所列，在 14 世紀之前，中國有好幾種傳統。對於今天的中國來說，明清兩代對 1911 年之後中國與西方列強及現代進步觀念的糾葛最具相關性。

最相關聯的主要有四點。首先，明清兩代重新確定了其大陸取向，而且從根本上來說是內向的。這使它們與主流的話語不一致，後者強調的是過去五個世紀中海上的全球化過程。即使漢族人口的大部分居住在中部並向南和向東流動到沿海地帶，帝國面臨的威脅也始終在北方和西方，最近的對手是俄羅斯的哥薩克和穆斯林 —— 突厥。19 和 20 世紀，英、俄、日野心勃勃於前，蘇聯（在中亞）虎視眈眈於後，成為清王朝的心腹大患，也是國民黨衰亡的罪魁禍首。1990年蘇聯的終結令人稍鬆一口氣，但是由於印巴之間持續的緊張關係以及美國試圖在這一地區打擊伊斯蘭極端主義，今天的中國仍然對來自北方和西方的（靠近新疆和西藏）新的威脅保持警惕。簡言之，這一關鍵特徵提醒我們，歷史上橫貫大陸的陰影，對今天的中國來說仍然存在。

第二，從 15 世紀開始，在大約 400 年時間裏，大部分時候明清兩代都正式禁止海外貿易關係，並不鼓勵同海上政體建立國與國關係，這也與當前的歷史敍事相對應。中國人的傳統是將其他政體大致置於朝貢系統中，後者最初是為中國國內的用途而設計的。[10] 它作為管理帝國安全與外交的手段，支撐着統治者之間的封建關係。當武裝起來的歐洲商人於 1500 年之後到來時，事實證明這套系統對中國在東南亞港口和王國中的地位並沒有甚麼幫助。越來越多的中國商人被海上貿易所吸引，但是明清的帝國政策阻礙着他們的活動。官僚們極力禁止任何一種商業階級的出現，認為那會沖淡人們對以農為本的社會組織的信念以及對農耕產品的依賴。這樣，對於東南亞而言，一個新的商業時代業已經來臨，而中國卻是對之冷眼旁觀。這沒有給滿清官僚帶來甚麼困擾，他們到 18 世紀末仍然表現得傲慢而自以為是。[11] 但是這表明了古老的帝國是如何無視來自新型帝國的有力挑戰的。

第三點也將中國歷史邊緣化了：一個在陸上所向披靡的

帝國輕視了建立強大的海上防衛的必要性。清朝官員甚至都沒辦法計算別人的海軍力量，更不用説調集資源建立中國海軍了。[12] 他們對海上強國是如此愚昧無知，以致無法預知在英法海軍那裏吃敗仗，後果會有多嚴重。相反，他們耗鉅資去維持在帝國範圍內以及西部邊境上極不穩定的陸上業績。他們對陸上作戰駕輕就熟，而當清朝官員認識到海上失利才是致命的弱點時，悔之晚矣。現在的中國領導人，充分意識到了海上防衛的必要性，卻發現他們所採取的任何補救其致命弱點和建立強大海軍的行動，都會被人用來證明：一個新的中華帝國在崛起，並準備向海外擴展其力量。[13]

第四點則把中國從邊緣拉了回來：承諾對快速全球化的世界給予一個強而有力的、文化的、最終是政治的回應。儒家士大夫統治的結束使中國打開大門，面向世界經濟、現代科學、至高無上的法律系統以及其他的政治文化。憑着令人驚異的活力和決心，中國人已經走過了混亂而動盪的叛亂、革命和改革不斷的時代。建立現代國家的需要在繼續挑戰着中國土生土長的和從蘇聯引進的管理傳統的殘餘。前面還會遇到各種考驗，但是借鑒別的制度的做法正在得到積極的探索。總而言之，各級政府大量的努力和試驗可能會產生某些切實可行的結果，有望增強中國重建一個強大的中央國家的能力。

在這一地區的其他地方，東南亞早期的印度教──佛教國家被人拿來與帝國相比較，但實際上它們對別的政治結構非常開放。這種開放性使得它們易於接受現代帝國時代的民族國家觀念。今天教科書中提到的帝國包括大陸上的吳哥王朝（或真臘高棉）和暹羅王朝，以及列島上的三佛齊、滿者伯夷和馬六甲王朝。越南的統治者是向清朝皇帝朝貢的，但他們使用自己的帝國修辭，雖然這是從中國人那裏改頭換面而來的。這一個很好的例子，説明術語意義上的帝國是多麼有彈性。雖然這些王國和君主國在他們所處的時代不叫帝國，但他們都是接受別人朝貢的國家，有一些又反過來向中國朝貢。

葡萄牙人在 1511 年佔領了馬六甲並串連起一個貿易帝國，蔓延至廣闊的海域，與其本土帝國相並存。接下來一個世紀，荷蘭人在馬來羣島創造出類似的東西，也以損害當地的帝國為代價。既然馬來王朝和爪哇王朝在葡萄牙和荷蘭統治時期並沒有消失，那麼，説馬六甲是葡萄牙殖民地和巴達維亞（Batavia）是荷蘭殖民地到底意味着甚麼呢？這些帝國的名稱改變了，他們的中心也搬離了，但是他們的傳統、主張和期望，乃至他們的核心精英，都可以追溯至相同的源頭。在強調中心可變動的傳統中，一個王朝的中心可以變成另一個王朝的邊緣而仍被視為後者的領土；在受到威脅或被打敗的時候，舊帝國也可以找到新的中心來重建和保衛自己。

因此，列島上的王朝都有它們自己的特點，它們的關鍵特徵在於流動性和包容性。奧利弗・沃特斯（Oliver Wolters）專門給它們起了個名字。關於三佛齊的幾個首都 —— 它們是後來馬來亞的幾個首都的前身，既有半島上的，也有遍佈

爪哇海的 —— 有一些故事，受這些故事的啟發，沃特斯避開了習慣上對附屬國和衛星政體的關注，而對南亞的曼陀羅政體（mandala polities）的概念進行了類比。他的分析富於啟發，但無損於這一事實，即其基本的框架是獨一無二的帝國的框架。[14] 簡言之，東南亞的諸帝國互不相同，並且也不同於中國和歐洲的帝國。他們當中有一些消失了或者採取了別的形式，另一些則設計出它們自己的生存策略，要麼成為歐洲的殖民地，要麼成為半君主的被保護國。

在這裏並不適宜討論"帝國"的語義學。這個詞包容性很強，對它的使用也可延伸。對於海上的東南亞來說，核心在於流動性。擴散的國家結構使得這種流動性在某些情況下成為必需；這種可攜式制度體系之所以可行，是因為它們建立在海上貿易的基礎之上。這樣的制度看上去溫和而可塑，但是它們依附於輕易搭建的、靈活的框架，因而人口、系譜和經濟表現就比其位置和壽命更重要。一個港口城市的丟失是可以替換的，聖地也可以在別的地方重新找到。顯然，相較於其他地方更穩定的帝國，這是不規範的，但是這種策略貫穿於歐洲擴張的頭幾個世紀。

大陸上建立的以陸地為基礎的帝國就沒有這樣的靈活性。印度教—佛教的高棉（Hindu-Buddhist Khmer）和印度化的占族（Hinduized Cham）確實不時地更換它們的中心，它們的紀念碑更加宏偉和永恆，受到人們狂熱的護衛。與此類似，越南人來到南方，拿下占城，採用了中國人高度結構化的王朝國家模式。他們也為帝國的莊嚴偉大而定居下來。至於湄南河和伊洛瓦底河谷中繼高棉和孟王朝出現的暹羅人和後來的緬甸人，在擴張各自的領土時，他們所做的還是加固每一個新城。〔15〕這樣，對來自西方的現代海上勢力，他們不會那麼脆弱。

無論如何，西方勢力從馬來羣島獲得了它們想要的東西，並且在 200 多年時間裏沒有去挑戰大陸上的帝國。只有一種全新的帝國才能攻破後者的城牆，這種新型的帝國最終在 19 世紀歐洲的英法兩國發展起來，它們是高度工業化資本主義的產物，同時資本主義也需要它們以勢不可擋的強力，將這些本土帝國變成新的民族帝國的被征服國。暹羅是例外，那只是因為它能利用英法之間的利益矛盾。事實仍然是，那些不時改變形式與體制的帝國平庸無奇並執着於它們的領地。對今天來說新鮮的是現代民族國家，而亞洲領導者們已經用它取代了早先的帝國。關於民族國家可與任何大國平起平坐的觀點新鮮而富有吸引力。只是，是否每一個新國家從此就會身處一個沒有帝國的世界呢？這還不確定。

作為現代帝國主義源頭的遠端商貿帝國的故事，是同現代西方的興起一同發生的，而且已經被翻來覆去說過多遍。〔16〕這些帝國最初是通過貿易公司和王室資助建立起來的，到 18 世紀末為西歐強大的民族國家所取代。一種獨特的變革，最終創造出了一個民族國家的世界。對這些海上帝國來說，最關鍵的過程是工業資本主義的發展。這些新興帝國最讓人震驚的是，它們終結之後重返家鄉，又重新變成了民族國家。這種撤退返鄉不是亞洲本土的帝國所能體驗到的。它們的精英統治者在成為殖民國家的臣民之後，留待他們的是不得不在此疆界內重建民族國家。於是，在後帝國主義結構中，他們當中有很多人都為必須贏得他們的少數民族 —— 無論是當地的還是外來的 —— 的任務而焦頭爛額。

　　在中國，漢人面對的是不同的過程。孫中山及其國民黨在 1912 年還不能只是舉起共和旗幟就把中國變成一個新的民族國家。他們面對的是西方列強，這些列強將中國視為一個垂死帝國，可以被分割為好幾個民族國家。對這些列強而言，清帝國包括中原地區，也包括其他部分，可以因它們的支持而變成好幾個民族國家。當然，與海上帝國不同的是，綿延相連的領土更難以分割。英國從印度往北窺伺，俄國從西伯利亞往南覬覦，它們相互挑戰以求從中國爭奪領土，兩者之間的僵持挽救了西藏和新疆，使其免於被分割出中國。與此類似，英法之間的利益敵對也使得雲南省能保留在中國境內。俄國人最終幫助建立起了蒙古共和國，而日本人對台灣島的殖民導致了一直困擾着中國的分裂，但是，對中國人來說幸運的是，俄日之間的對抗最終使得東北倖免於被永遠割離。

　　中國確實允許與東南亞港口和王國之間的貿易往來，但這種關係是通過朝貢系統起作用的，即費正清（John K.Fairbank, 1907-1991）所謂"中國的世界秩序"，這意味着它不是人們所熟悉的那種帝國類型，而是另外一種不同的帝國類型。當然，大多數人都視清朝的中國為另外一個帝國。有趣的是，即便在民國之後，這一帝國歷史看上去依然還活着。儘管中國已被正式承認為一個巨大的多民族國家，還是有很多人因這一歷史想說明未來的中國威脅。

最近，人們因鄭和遠航至印度洋和東非海岸的 600 周年紀念又想起了這件事。這一航行不僅擴展了朝貢系統，而且代表着歷史上航程最遠的海軍力量的展示。我們看到，30 年之後，到 1435 年，中國就再也沒有表示出對海上事務或遠洋關係的任何興趣了。從那以後，中國剩下的只是一支打擊海盜的海軍力量。中國沿海確實發展起了與日本商人的貿易合作。探險者及創業者們，如鄭芝龍和他的兒子鄭成功，其所擁有的私人海軍力量，使得台灣能夠從荷蘭人手裏收回，後來也是同樣的力量幫助清王朝攻克了這個島嶼。但是，接下來再沒有甚麼後話。〔17〕當歐洲軍隊佔領了一系列東南亞港口時，清王朝滿足於拒絕給他們在中國沿海的貿易權，只對他們開放澳門和廣州這樣的港口。〔18〕

中國絕不是一個能變為民族帝國的商業國家。演化為新型帝國的是荷蘭和英國的東印度公司。它們野心勃勃地與尋求"基督徒和黃金"的葡萄牙人和西班牙人相對抗。貿易和靈魂的雙重使命是從聖戰精神中獲得啟發的，而那一承諾所保留的意識形態亞文本也支配着在美洲的歐洲殖民者。這正是一個帝國的主題，它希望成為普遍而持久的。要將真理帶給那些不幸的當地人的使命，直到今天仍然存在。

眾所周知，對荷蘭和英國而言，特別是對於那些繞過東印度公司的個體商人來說，黃金可比基督徒重要得多。我們可以說，緊隨英國工業革命，資本主義帝國尋找的是市場、原材料以及最終對領土的控制。為了滿足其工廠不斷增加的需求，英國比歷史上任何其他商業帝國都走得更遠。很明顯，新的帝國主題改變了帝國的本質。於是英國在印度承擔起更大的陸上責任，而為了東亞的海上控制權，它們在中國的茶葉和鴉片生意最終製造了開戰的藉口。

不管是在市場、礦場還是種植場，從商業冒險到工業需求的轉變，並不像英國和後拿破崙時代的法國這兩個民族國家之間的國家對抗那樣富有戲劇性。當英國人在海上戰勝法國人之後，兩個民族帝國在全球範圍內將它們的領土連接了起來，成為一個世紀後冷戰中的超級大國形態的先驅。借民族驕傲和榮耀的包裝，英法兩大帝國成為歐洲大陸興起的其他民族國家的典範，並且最終也成為美國、沙皇俄國和日本的典範。

甚麼是民族帝國？顯然，在有民族國家之前是不會有這樣的帝國的。這種新的帝國主義，如霍布森和列寧所論，是在工業帝國主義基礎上強大起來的，但是更加引人注目的是民族擴張的強烈要求和政治、科技乃至文化和種族優勢的訴求。關於民族國家的革命性的觀念，為其公民們提供了一個超越商業競爭的更高的目的。民族驕傲和榮耀越來越成為影響帝國建設的要素。到 19 世紀，英國的民族熱情擊敗了法國人，然後是德國人、俄國人和其他對手。英國人的印度帝國是對其他野心勃勃的強國的挑戰，如果不是典範的話。這發展成一場由英國人領導的爭奪中國市場最大份額的戰爭。很快，每一個歐洲民族國家都加入了競賽，力圖搶在別人之前攫取盡可能多的東西。

　　這個故事還有另外一些情節。大英帝國在其巔峯時期表明，亞洲是現代帝國的全球鏈條 —— 橫跨大西洋、印度洋和太平洋三個大洋 —— 中至關重要的一部分。對於正在變成帝國的民族，有兩個主題值得關注。一個海上貿易帝國不但造就了世界上最強大的海軍力量，而且也塑造了大英帝國民族。這個四海一統的、雄心勃勃的民族在至少半個世紀的時間內持續發展壯大到了無人能敵的地步。他為民族優越性確立了高標準，亦即如下觀念：民族國家是建立帝國力量最有效的工具。然後，挑戰者來了，因為他們都看到了英國民族國家模式的成功。其中有幾個挑戰者很快也成為民族帝國，特別是工業化後的德國、美國和日本。連龐大而笨重的俄國也將領土擴張到了英國控制範圍的邊界，只能被一個更具威脅性的蘇聯所取代，而蘇聯不可避免地與俄國的民族野心捆綁在一起。簡言之，民族帝國鼓舞了它們的對手把自己的民族國家建設得更強更大。

　　第二個主題可以表述成如下問題：新的有抱負的民族國家是否擁有在後冷戰時代成為民族帝國的能力？自從半個世

紀前歐洲列強從東南亞撤退以來，人們就在追問這個問題。先是重新煥發活力的國民黨中國，接着是救世主式的共產黨中國。在東南亞範圍內，受蘇聯或中國的影響，產生了國際性的革命運動。雖然第二次世界大戰結束後，每一個民族國家都反對帝國的觀念，但是沒有甚麼東西能保證某種帝國形式不會捲土重來，或者新的帝國主題不會應運而生。第二次世界大戰後最強大的民族國家是美國和蘇聯（以俄羅斯為核心）。雖然在一些人眼中，一個是仁慈的，一個是邪惡的，但是在你死我活的競爭中，在像民族帝國一樣行事這方面，兩者到底有多大的區別呢？它們都使用了溫和的修辭，而其可靠與否往往只有旁觀者知道。

成問題的是這一種國際體系的性質，它被斷言為普遍接受民族國家作為首要政治單位，那麼其本質如何？各個國家在面積和力量上相差懸殊，很難相信這一體系能保證各民族之間的平等。疲於應對戰爭與帝國的西歐的例子提醒我們，要避免將來對舊民族國家價值的讚美。影響更大的是由美國提供的增長動力引擎，它已經改變了東亞和東南亞，現在又致力於在別的地方同樣行事。由於中國和印度的崛起，將來會有更多的經濟增長。這將挑戰英美帝國模式，正如這一模式早先超越了尋求“基督徒和黃金”的初衷，開拓了美洲大陸，並橫掃亞洲沿岸一樣。還有中國的舊帝國例子，雖然它期望成為一個現代多民族國家，但是還不確定世界將如何接受這個形象。人們可以說英美模式已經得到了足夠的黃金，因此它會將注意力轉向某些價值追求。一個強大的中國仍然是一種新的現象。它得注意不要重蹈覆轍，犯新興民族不久前犯過的錯誤。過去幾十年的歷史說明，人們已經吸取了教訓。現在中國對國際規範的接受，牢牢地立足於對國家長遠的民族利益的考慮之上。

亞洲的新信心有多少，取決於它能從帝國經驗中學到多少。亞洲的民族國家仍然努力活躍於世界市場，而民族的力量仍然擁有帝國的潛力。19 世紀的歐洲靠的是民族野心，20 世紀靠革命衝動來決定其他民族的政權變化，現在亞洲的新興國家已經不太可能照搬這些範例了。歷史已經充分書寫了這兩個世紀中發生的可怕災難，警示着這一地區的領導人必須相互合作。

注釋：

〔1〕　蕭公權：《中國政治思想史》，F. W. Mote（牟復禮）英譯本（Princeton: Princeton University Press, 1979），第 1 冊；童書業：《春秋史》（上海：開明書店，1946 年）；楊寬：《戰國史》（上海：上海人民出版社，1955 年）。在 20 世紀 80 年代後大陸關於這段時期的著述中，閻學通將古代與現代思想聯繫起來的論述，已有英譯本。見 Daniel A. Bell and Sun Zhe（eds.），tr. Edmund Ryden, *Ancient Chinese*

58

Thought, Modern Chinese Power（Princeton: Princeton University Press, 2011）。

〔2〕 清帝國對這些規則的理解來自亨利‧惠頓（Henry Wheaton）的《國際法原理》（*Elements of International Law*），由丁韙良（W. A. P. Martin）翻譯，在 1864 年以《萬國公法》為名第一次出版，1998 年台灣中國國際法學會再版。

〔3〕 廣東華僑歷史學會編輯的 3 卷本《華僑論文集》（廣州：廣東華僑歷史學會，1982 年）中，有大量的例子表明華僑對滿族的疏離感；也見劉聯珂：《幫會三百年革命史》（澳門：留園出版社，1941 年）。

〔4〕 自從"滿族"一詞第一次由梁啟超使用開始，就有人試圖對部族、民族、民族性和人種進行區分。關於早期對不同的"滿族"進行界定的討論，參見王銘銘：《民族、文明與新世界：20 世紀前期的中國敍述》（北京：世界圖書出版公司，2010 年）一書中的出色論文。

〔5〕 費孝通：《中華民族的多元一體格局》，載《北京大學學報》，1989 年第 4 期，第 3—21 頁；馬戎：《民族與社會發展》（北京：民族出版社，2001 年）。這仍然是一個受到熱烈討論的問題，最值得注意的是近幾期的《民族社會學研究通訊》，由北京大學社會學人類學研究所出版。

〔6〕 比較從 Rupert Emerson, *Malaysia: A Study in Direct and Indirect Rule*（New York: Macmillan, 1937）到 Timothy P. Daniels, *Building Cultural Nationalism in Malaysia: Identity,*

Representation, and Citizenship（New York: Routledge, 2005），對馬六甲帝國的馬來淵源的強調之間的變化。

〔7〕 Muhammad Yamin, *Tindjauan hukum dan sedjarah tentang kedaulatan Indonesia sepandjang masa*（A Legal and Historiacal Review of Indonesia's Sovereignty Over the Ages）（Leiden: Royal Netherlands Institute of Southeast Asian and Caribbean Studies, KITLV Press, 1986）。

〔8〕 陳寅恪：《隋唐制度淵源略論稿》（重慶：商務印書館，1945年；北京：中華書局，1963年；北京：生活・讀書・新知三聯書店，1957年再版）。

〔9〕 如14世紀晚期的明代聖旨和大量的法令中所記載，參見張德信、毛佩琦：《洪武禦制全書》（合肥：黃山書社，1995年）。

〔10〕 John K. Fairbank（費正清），*The Chinese World Order: Traditional China's Foreign Relations*（Cambridge, MA: Harvard University Press, 1968）。

〔11〕 Anthony Reid（安東尼・里德）(ed.), *Southeast Asia in the Age of Commerce, 1450-1680*（New Haven: Yale University Press, 1988-1993）；James L. Hevia（占士・何偉亞），*Cherishing Men from Afar: Qing Guest Ritual and the Macartney Embasssy of 1793*（Durham, NC: Duke University Press, 1995）。

〔12〕 茅海建：《天朝的崩潰：鴉片戰爭再研究》（北京：生活・讀

書‧新知三聯書店，1995 年）。

〔13〕左宗棠在 1867 至 1878 年間在新疆最西部邊界的喀什噶利
亞地區鎮壓和平息東幹之亂，是清朝最後的統治者所能之
事的最佳範例。見 Chu Wen-Djang, *The Moslem Rebellion
in Northwest China, 1862-1878: A Study of Government
Minority Policy*（Central Asiatic Studies 5）（The Hague:
Mouton, 1966）。在此之前，左宗棠奉命建立一支海軍，但
他視遠征軍平息西北邊患為更緊要的任務，更值得他關注。

〔14〕O. W. Wolters（ed.），*History, Culture, and Region in
Southeast Asian Perspectives*（Ithaca, NY: Southeast Asia
Program Publications, Southeast Asia Program, Cornell
University, 1999）。

〔15〕G. Coedes, The Indianized States of Southeast Asia,
Walter F. Vella（ed.）, tr. Susan Brown Cowing（Kuala
Lumpur: University of Malaya Press, 1968）；Kenneth R.
Hall and John K. Whitmore（eds.）, *Explorations in Early
Southeast Asian History: The Origins of Southeast Asian
Statecraft*（Ann Arbor: Center for South and Southeast
Asian Studies, University of Michigan, 1976）；K. W. Taylor
and John K. Whitmore（eds.）, *Essays into Vietnamese
Pasts*（Ithaca, NY: Southeast Asia Program, Cornell
University, 1995）。

〔16〕Wang Gungwu（王賡武），"Merchants Without Empire:
The Hokkien Sojourning Communities"，James D. Tracy

(ed.), *The Rise of Merchant Empires: Long-Distance Trade in the Early Modern World, 1350-1750*（Cambridge: Cambridge University Press, 1990），400 至 421 頁；Sanjay Subrahmanyam（ed.）*Merchant Networks in the Early Modern World*（Aldershot: Variorum, 1996）；Om Prakash（ed.）, *European Commercial Expansion in Early Modern Asia*（Aldershot: Variorum, 1997）。

〔17〕林仁川、徐曉望：《明末清初中西文化衝突》（上海：華東師範大學出版社，1999 年）；John E. Willis（衛思），"Maritime China from Wang Chih to Shih Lang: Themes in Peripheral History"，載於 Johathan D. Spence（史景遷）and John E. Willis（衛思）(eds.), *From Ming to Ch'ing: Conquest，Region and Continuity in Seventeenth-centry China*（New Haven: Yale University Press, 1979），204 至 238 頁；Wang Gungwu（王賡武），"Merchants Without Empire"，400 至 421 頁。

〔18〕Weng Eang Cheong, *The Hong Merchants of Canton: Chinese Merchants in Sino-Western Trade*（Richmond, Surrey: Curzon, 1997）。

第三章　主權關係並非絕對

　　中國歷代的統治者所面對的始終是合法性的問題，而不是主權的問題。每個朝代的合法性都憑藉戰場上得到天佑的勝利來確立，由此，皇帝的統治權也通過其保護邊疆和人民免受近敵侵犯的能力而得以確認。為達此目的，歷朝歷代依靠各級官吏徵集稅收、招兵買馬和訓練軍隊。歷經許多個世紀的時間，中國建立起一個朝貢關係體系，用以發展常規貿易和處理各地區間關係。[1] 這一系統的順暢運作，為在中華大地上的帝國主權提供了和平的證據。到明清時候，這個大帝國已經心滿意足，以為再也不需要別的主權檢驗了。

　　然而，歐洲的民族帝國破壞了中國一直以來的朝貢和貿易結構，並將歐洲人的國際法帶到了清朝的朝廷上，於是中國的海外關係在現代經歷了一次斷裂。對於由強權引入的規則，中國人始終是不情願接受的，直到晚近，北京政府才得以在 1945 年最終成立的聯合國體系中從容地行動。在一個民族國家的世界中，中國別無選擇，它只能依照所有其他國家都遵循的規則行事。1971 年，在中華人民共和國被納入聯合國之後，它很快意識到最明智的做法是要精通國際慣例並為自己所用。儘管如此，中國花了這麼長的時間才確認它願意接受這個國際體系的一些主要方面，這一事實表明了中國對這個體系的深刻疑慮，因為體系成立之時它還不具有發言權。

多少個世紀以來，中國皇帝在面對外國統治者時都力圖保持高高在上的姿態，伴隨着一系列儀式、等級和關於權威的既定標準。然而，除了儒家歷史學家賦予中國王朝統治的連續感之外，從來不存在甚麼對外關係上的不變模式。看起來從未改變過的只是封建的屈尊俯就的言辭，以及歷朝歷代為處理權力現實而採取的行政規則。其實，在解釋朝貢關係的時候，中國的統治者們和官僚們都不得不極富靈活性，隨時應政治、經濟、安全或文化的需要而變。他們也不得不使用忠孝友悌之類的話語，而這些詞彙大多可以視情況不同而相互替換。

不過，自 19 世紀後半葉以來，中國所採取的現實立場受到民族國家法律的基本原則的引導。但除了塑造現代國際行為的法律語言之外，中國人認識到這些基本原則大都需要詳加審查，針對每一種情境，都需要作出特定的政治、經濟和安全上的考量。在國與國之間關係中，總是存在對諸如平等、主權、利益、驕傲、尊嚴、榮譽、道德、歷史、記憶和領導之類概念提出挑戰和進行討論的空間。[2]在這樣的語境中，20 世紀相繼上台的中國政府接受或拒絕了列強在不同時期所強調的國際法的某些部分。但是，面對帝國主義在

中國周邊的競爭，對國家主權的現代思考出現了，並且在 20
世紀大部分時間裏一直處於中心地位。

在其他問題上，中國人搖擺於道德和務實兩種立場之
間，這反映出了他們為掙脫一個世紀的軟弱而進行的奮力拼
搏。對於現代中國而言，雖然大量的法律框架已經取代古老
的封建方式，但它所面對的現實從來不是非此即彼，而是要
在直接影響較大民族間的實際權力關係的領域中周旋。對中
國人來說，斡旋在這些領域中是可行的，甚至令人放心，因
為他們始終使用他們覺得更舒服的修辭 —— 關於家庭和友
誼的話語，從而總能繞過國際法的僵硬語言。

在 1912 年 2 月孫中山任臨時大總統後的第二個月，他
告訴一個美國記者説，他的人民無法理解為甚麼列強不承認
他在南京成立的政府。孫中山堅持指出已經沒有甚麼北京政
府，他宣告南京政府領導着三億五千萬人民，其法令直達中
國與緬甸的邊境線上。他幾次向日本政府提出個人申請，希
望獲得承認。他的外交部長王寵惠（1881-1958），天津北洋
西學學堂狀元，也動用自己的個人關係與他原來的老師，北
洋西學學堂校長、美國"特別代表"丁家立博士（Dr. Charles
Daniel Tenney, 1857-1930）進行磋商。然而，日本方面沒有
答覆孫中山，王寵惠與美國方面也沒能達成任何協議。各國
的大使館都在北京坐等事態的進一步發展。最終，袁世凱篡
奪了大總統位子一年多以後，日本和美國承認了中華民國。
孫中山抱怨道："世界是友好的，歐洲人民是我們的朋友，

我們的朋友遍天下，但是我們需要的是承認；你們應該承認我們的政府。"較早時，他曾要求與法國政府建立友好關係，成為姐妹共和國。但是國際法是高於家庭和友誼的。沒有一個列強願意採取行動，因為他們知道孫中山不可能通過勸說或武力統一這個國家。為了避免一場他沒有把握能贏的內戰，他不得不讓袁世凱篡奪了他的總統權位。[3]

孫中山在 1912 年 1 月初的就職演說，使用了充滿希望的傳統說法。他談到要將漢、滿、蒙、回和藏五個民族合併為一個國家和一個民族。他描述五個民族是"一家人"，並敦促他們團結合作，那樣五大洲的其他國家就會更加友好，並會視中國為唇齒相依的"兄弟之邦"。在別處，孫中山使用了更尊重法律的術語：孫中山的政黨 —— 同盟會 1912 年 3 月正式頒佈的組織綱領，談到將中國的所有人民吸收到一個民族當中，並尋求與世界上所有其他民族之間的平等。[4]

當時，孫中山是中國最現代的政治領袖，但是在他的演講中，他也不得不糾結於一些詞語的使用，力圖把新的東西和人們熟悉的東西結合起來。可以想像，對大多數中國人來說，要正視中國相對於列強及其亞洲鄰邦的處境，是多麼困難的一件事。這個問題至少從 17 世紀開始就出現了，在當時的官員所編撰的明朝歷史，已經包括了其他亞洲國家以及在 16、17 世紀奪取東南亞領土的三個歐洲國家，即伊比利亞國家葡萄牙和西班牙（佛朗基）及尼德蘭（荷蘭）。[5] 而它們當中的任何一個都不能說是被納入了朝廷的朝貢體

系 —— 明朝設計出來處理外交關係的平台。

　　無論如何，張廷玉（1672-1755）的《明史》的最終版本一直到 1739 年才得以問世，差不多是在明朝覆亡一個世紀之後。當時，耶穌會在清廷發揮着作用，英國東印度公司已經成為亞洲的主角，而滿人和漢人官吏意識到中國和亞洲的世界地理意義遠非他們當初想像的那麼簡單。乾隆皇帝 1793 年對馬嘎爾尼勳爵（Lord Macartney, 1737-1806）說的那一番臭名昭著的話，說中國不需要任何西方的東西，已經被人們無數次引用來證明這個王朝對亞洲所發生的變化置若罔聞。其實，清朝官員知道歐洲列強的所作所為對傳統朝貢系統的影響，但是他們錯誤地判斷了這些變化最終會對中國帶來的威脅。在 18 世紀，處理對外關係的朝廷要員已經觀察到海上帝國和港口與中國東南沿海的權力關係變化，但是清朝仍然維持其朝貢體系並繼續使用他們自己的那一套修辭學。到 18、19 世紀之交，他們已經看到了謝清高（1665-1821）、王大海及其他旅行者的記錄。[6] 而從聚集廣州的外國人那裏搜集到的資訊，也使林則徐（1785-1850）、魏源（1794-1856）、徐繼畬（1795-1873）和其他一些人能夠開始準備關於中國鄰邦的新學，最著名的是《四洲志》、《海國圖志》和《瀛寰志略》。這些著作包含了關於世界其他地方的新的資訊，然而他們仍然是帶着差不多原封不動的中國世界觀來寫作這些書的。[7]

　　1927 年，距《明史》完成後差不多 200 年，前清遺老們完成了《清史稿》，也概述了國際關係的根本改變。書中有一個新的部分包含了八個章節，分別論述與清朝有外交關係的國家，覆蓋了大多數歐洲國家以及部分的美洲國家，亞洲的日本跟其他列強列在一起，而日本在過去是大致被歸入中國的朝貢國家的。在書的結尾只有四個章節論及亞洲其他部分，其中有三章談到朝鮮、越南、緬甸、柬埔寨和老撾。在許多向清朝朝貢的海上王國和港口中，只留下琉球和蘇祿兩個。看來歷史學家們對如何處理這兩個島國感到困惑，但他們肯定知道前者已經被日本帝國所囊括，後者先是被西班牙人後來又被美國人統治。

亞洲的這七個國家被列在"屬國"的標題之下，但是眾所周知，到 19 世紀末它們都已不再是中國的屬國，而是已經成了日、法、英等列強的殖民地，蘇祿是西班牙的，菲律賓是美國的。

《清史稿》對於朝鮮的論述，以《馬關條約》簽訂為終結線，並得出結論：朝鮮已經完全獨立，後來的版本則加上朝鮮被合併到了日本。書中也提到琉球王國已不復存在。至於越南和老撾，這部分的結論是它們成為法國的保護國。對緬甸，這部分提到英國人沒有上交緬甸於 1898 年到期的十年一次的進貢。對柬埔寨，書中指出它在英法殖民地之間仍然保持獨立。至於蘇祿，簡要提到西班牙如何沒能征服穆斯林王國以及它已經不再向清朝皇帝朝貢。檔案資料顯示，儘管西班牙幾次三番試圖制止，但這個王國自乾隆皇帝當政以來一直努力維持其朝貢關係。

在《清史稿》中，只有柬埔寨被描述為一個前屬國，並且通過在與英法之間進行外交斡旋而於 1852 年獲得了自治和自主。值得注意的是，朝鮮並沒有被記錄為日本的屬國，而是稱為被日本合併。為甚麼使用"合併"一詞，也沒有進行解釋。由於這些前清遺老編撰他們的著作時滿洲還處於日本人的陰影之下，因而可以理解他們不得不小心翼翼地遣詞造句，描述明治維新之後日本人對中國清朝的所作所為，包括吞併台灣省和像琉球和朝鮮這樣的屬國。[8]

19 世紀晚期，讓中國朝廷難以置信的是，他們的天子與亞洲鄰國之間，那一套曾經經久不衰的封建 —— 個人關係（feudal-personal）行至末路。清朝官吏們認為這是一套久經考驗的體系，為中國贏得了尊敬，也確保了中國的安全。現在，既然全球政治中新的力量崛起而他們的體系已經失效，中國的領導者便意識到他們必須遵從西方列強所施加的那一套國際法。但是，他們仍然對這一框架疑慮重重，特別是當他們看到，這套國際法不僅不能挽救中國免於被侵略和被肢解的厄運，甚至還會被利用來阻撓中國重新統一國家的努力。他們也認識到，無論如何，如果強權國家選擇不遵守，那麼這套國際法在很大程度上就無法強制執行。這確證了他們一直以來的疑慮，即最終是財富與權力決定了法律的有效性。因此，在能夠運用這套國際法之前，中國必須重新獲得權力。同時，為了作為一個單一國家而存在，它需要採取非正式的訴諸各國間友誼和家庭聯繫的做法。雖然這些東西並不具有約束力，但對中國的鄰邦來説，他們更熟悉的恰恰是這一套話語而不是西方的法律話語。

徐中約（Immanuel Hsu, 1923-2005）在他對 1858 至 1878 年間的中國的研究中論及中國加入世界民族大家庭。[9] 他在 1954 年寫到這一點，當時人們用"民族大家庭"（the family of nations）這個詞語來表示 19 世紀的列強羣體，而哪些國家可以加入這個大家庭，哪些不行，都是由這些列強來決定的。20 世紀 50 年代，中國也在某些文本中自由地使用"家庭"和"友誼"的概念。在革命者當中，像"同志"這樣的詞語很普通，而與過去的用法相呼應，也還有像"兄弟情誼"之類表示無界限的用語，以及跨國界的共產黨之間的"兄弟"關係。這些與家庭和朋友有關的詞語在中文裏面可以互換，親密的朋友被比作兄弟姐妹，雖然人們知道在朋友之間有一個距離，與血緣和親緣相比，需要的是更多的精神聯繫。

在西方列強中，家庭的隱喻被廣泛運用於描述獨立國家之間的關係，尤其是第一次世界大戰前的歐洲，當它們對和平解決強權間衝突的期望受到嚴重破壞的時候。為締結國際聯盟盟約（the Covenant of the League of Nations）進行的討論中所使用的所有語彙裏，家庭的概念仍然保留着，也還有更為正式的和具有法律正確性的詞語，如協會、社團、同盟、聯盟和社羣。中國人緊隨這一發展。按照他們的傳統，如果加入這一世界民族大家庭，就好比加入了英語世界俱樂部，以前還沒有人這樣要求過中國。家庭和俱樂部兩者都傳達了溫暖和親密的含義,而且適合於不那麼正式的慶祝場合。但是,它們也意味着某種排除異己的緊密結合。

中華人民共和國於 1949 年成立之後,嘗試加入聯合國這個大家庭,但是沒有得到允許。實際上,當毛澤東在天安門廣場宣佈中國人民站起來了的時候,他比 30 年前孫中山在南京時擁有了更高的地位。就像中國歷史上偉大的帝國創立者一樣,中國共產黨已經在戰場上取得了決定性的勝利,猶像是奉天承運,只是還有一些掃蕩殘餘力量的工作沒有完成。雖然蔣介石在台灣的對立政權遠比 1912 年袁世凱的還要虛弱,但是台灣的國民黨政府 1945 年以來已經是聯合國大家庭的一員。它受到美國的支持並與蘇聯達成友好條約,而美蘇都是聯合國這一新合法化實體的核心成員。毛澤東在更大的世界大家庭中當然會感覺不安全,他要儘快與蘇聯簽訂友好條約,讓斯大林與蔣介石斷交。於是他採用了社會主義國家大家庭的概念,在 1950 年 2 月造訪莫斯科時,簽署了中蘇友好條約,這是一個讓兩國成為"戰友"的行動。[10]

這是一個重大的決定。幾個月之內,毛澤東便在朝鮮戰場上與美國率領的聯合國部隊開戰。這一決定鞏固了毛澤東對以蘇聯為首的共產主義或社會主義國家大家庭的認同。由於這個大家庭僅限於一些具有相同意識形態的國家,同時中華人民共和國也展示出獨立和防禦的姿態,因而它突顯了存在不止一個民族大家庭的可能性。當然,經過十年時間的證明，這其實是一種幻覺。20 世紀 60 年代初，中蘇之間的爭執日趨嚴重，中國人不再安於使用"民族大家庭"一詞來描述兩國之間的關係。在向亞非拉發展中國家致意時，中國的領導人轉向了別的詞彙，如"四海之內皆兄弟"或者"唇齒相依"的特殊關係等，表達對新老友誼的訴求。當中華人民共和國終於被聯合國接納並在安理會獲得一席之地時，它仍然對談論整個的民族大家庭懷有疑慮。在鄧小平改革的頭十年，國家間的友誼仍然是首選詞彙。

　　20 世紀 90 年代以後，民族大家庭的術語再次出現，但是僅指國家之間的關係。只有在聯合國大家庭的語境中，中國才能比較自如地使用這一術語。然而，這一術語現在的非正式用法提醒我們，在一個多世紀以前，中國人就不得不承認，建立在成熟的朝貢體系基礎上的結構已經過時。1864 年，亨利・惠頓（Henry Wheaton, 1785-1848）的《國際法原理》被翻譯成中文，它揭示出了亞洲早已形成的複雜多端的新的權力現實。這本書不僅對中國人，而且對日本人都是一個里程碑，後者立即重印了這本書，並應用於後來所有的外交應對，包括以犧牲中國為代價促進他們在大陸的利益。

　　新規則就是西方列強大家庭在打開中國大門時所使用的規則。在視民族為自治的道德和政治實體的國家體系之中，基本的原則來自扎根於地中海和大西洋世界的哲學和神學傳統，包括羅馬日耳曼的律法主義（legalism）和猶太 —— 基督教的自然法觀念。而這些與中國人強調道德、自願、家族和等級的權力觀念幾乎沒有甚麼共通之處。雖然中國人這種半儒半佛的觀念在不同程度上或在不同側面為中國和日本所共有，但是日本人很快就用惠頓《國際法原理》中的語言取而代之。清朝官員則與惠頓的法律術語相抗爭，試圖讓新的詞彙與他們在朝貢與貿易體系中所用的詞彙相符。一些官員仍然堅信在各民族中可以有不止一個家庭存在。然而，清朝滅亡和中國朝代史終結之後，正如上面提及的孫中山 1912 年的懇求所顯示的，中華民國拼命要求加入"國際大家庭"。他們期待這個新建的國家能使用這個大家庭的規則來為中國的獨立自主權辯護，並拒絕列強在 19 世紀強加的"不平等條約"。[11] 當時的中國外交官很難熬，因為在 1919 年《凡爾賽條約》之後中國政府明顯衰弱。隨着 1928 年蔣介石南京政府的建立，國民黨只是短暫地堅持了他們自己的主張，然後他們的努力就因三年後日本佔領滿洲而功虧一簣。

1949 年以後，中華人民共和國打算蔑視那個排斥它的體系。但在 1971 年作為唯一合法的中國政府被允許進入聯合國安理會的內部核心層之後，中華人民共和國承認，不論是不是叫作大家庭，它都可以與世界上其他國家所圍繞的聯合國體系共處。這並不意味着中國人同意了歐美人所理解的國際法的全部預設。他們對聯合國圈子中某些主張的普適性還是有所保留，因為他們認為某些主張會導致對國內事務的過度干涉。此外，中國人了解自己的歷史，他們意識到還有其他方式可以用來處理各國之間你爭我奪的權力關係。[12]

例如，"民族大家庭"這樣的寬泛詞彙就可以為解決動盪不安的局勢提供更大的空間，而國際法庭只是可訴求的最後一招。他們也認識到目前的國際體系還有改進的餘地，並準備好了參與改革這一體系，只要他們的觀點和利益能被考慮進去。

從那以後，中國就深深地參與到了聯合國的運作過程當中，但還是有很多國家在問中國真正需要的是甚麼。它是否真的遵從《聯合國憲章》所體現的所有原則呢？顯然，中國人已經學到在權力關係中沒有甚麼是絕對的和不可改變的，因而國際法也只是阻止各國間不平等和不確定性的方式之一。在法律規則和實踐背後，始終存在着人權、道德和公正的問題，互惠國家之間也不得不同意，在任何規則被視為有約束力之前，都應該允許進行建設性的討論。與此同時，家庭和友誼的話語可以繼續有益於構築商討和爭論的環境，使之更少威脅性。正是在這樣一種語境中，中國的領導人和思想者拋棄了那種界定不平等的觀念，認識到全球化世界不斷變化的現實。但是，由於可強制執行的法律的缺失，他們仍然對平等主權國家的幻象保持謹慎，而且仍然更喜歡家庭和朋友所包含的溫和等級意味。在家庭和朋友中，重點可以放到互惠和道德責任的觀念上去。雖然這些詞彙中不包含法律的內容，但是它們使必要的雙邊和多邊關係 —— 包括由各式各樣的條約和協議達成的關係 —— 有可能在和平的氛圍中得以實現，從而使國際體系得到改善。簡言之，沒有甚麼應被當成是最終的或神聖的。

當有人把惠頓關於國際法的書介紹給清朝官員的時候，法律對文明國家行為的規範方式給他們留下了深刻的印象。但是他們看到，這些法律也可以用來為列強對弱者的統治進行辯護，使帝國擴張和殖民佔有合法化。清朝官員把這些論證與他們自己的經驗相比較，這些經驗即是從"天下"所庇護的權力中心出發來理解秩序、和平和安全。在沒有這種權力中心而只有一些相互競爭的權力的地方，就需要不同的規則和實踐。於是這些官老爺們轉向重讀他們古老的歷史，檢討清以前的戰國時期的混亂狀態。他們的結論是，現代的全球化狀況是一種過渡狀態，在這種狀態中，霸權的挑戰痛苦而持久。這仍然是中國人分析當今世界局勢的通行觀點。[13]他們也看到，只要中國在科技上、經濟上還處於劣勢，就無從面對這一挑戰。當日本打敗清帝國，並用與指引其他列強進行擴張的相同的法理，來使戰爭合法化的時候，中國人深感屈辱難當。那時，日本已經被國際大家庭接受為一個平等的成員，而中國在後來長達半個世紀的時間裏仍然是一個卑微的家庭成員，處於"不平等"的地位。

在這樣的語境中，家是一個合適的比喻。家裏有世代間的不平等，有主幹成員和分支成員所標明的關係等級，在同一代中還有長幼不同的兄弟。在家庭中找到自己的位置，這是中國人完全能夠理解的。然而，當他們的國家受到如旁系遠親似的對待時，或者彷彿身為歐洲殖民地蒙昧土著中的一個長兄（可能是最年長的）時，他們感到驚慌失措。如何恢復曾經擁有的尊貴並成為國際大家庭中的主幹核心成員，成了他們最好的外交家在 1895 年之後殫精竭慮的大事。但是，從那以後中國的地位持續惡化，即便它在第一次世界大戰時和同盟國站在一邊。事實上，加入國際聯盟沒能使中國免於失去對外蒙和東北的控制，也沒能使中國免於另一場同日本人進行的毫無勝算的戰爭。幸運的是，美國介入了戰爭，並堅持讓中華民國成為剛成立的聯合國安理會五個常任理事國之一，從而在 1945 年之後快速將中國拋到了強國的位置上。這為中國提供了一個基點，使它有可能去爭取恢復自己的地位。從 1978 年開始，通過宏大的經濟改革，中華人民共和國系統地奠定了其強國地位的基礎。改革被證明是成功的，並且對資本主義世界產生了令人矚目的影響。那麼，這又是如何影響中國與其亞洲鄰邦的關係的呢？

中國歷史表明，在國家分裂和衰弱時，例如國民黨南京政府，它在鄰邦中就會無親無友。它的鄰邦都屈服於外來的控制（包括泰國，雖然它正式說來是獨立的）或者實際上處於殖民管理之下。日本是個例外，但它已經成為一個強權國家，對中國的國土虎視眈眈。日本既不是家人也不是朋友，而是一個危險的敵人，中國為此反倒要訴諸亞洲之外的幫助來保衛自己。這是中國以前從來沒有遭遇過的情況。現在它加入了由西方人命名的國際大家庭，不得不作為一個弱小的新成員去尋求西方的幫助。

事實上，沒有哪個國家是中國可以稱為朋友的。即便來自國際大家庭其他成員的幫助，也顯然都是自利的，也不能保證會持續多長時間。考慮到中國的這種處境，我們就可以理解為何某些中國領導人會轉向對流行的民族主義的有意動員。民族主義者受到日本和後俾斯麥及納粹德國成功的啟發，他們感到沒有別的選擇，只能追隨這樣的先例以竭力擺脫國家所面臨的多重威脅，尤其是日本的領土野心、蘇聯的意識形態顛覆，以及來自歐美的商業利益對中國經濟的控制。

另一個挑戰起始於第二次世界大戰結束後，由中國共產黨重新統一起來的中國，開始從積貧積弱的狀態中起步重建。1949 至 1976 年的毛澤東時代是一個獨特的時期，史學家們對此都還沒有作出任何有深度的研究，但它給中國的鄰邦留下了非常強烈的印象。它為試圖推翻後殖民時期民族主義領袖的兄弟共產黨提供支援，這一做法幾乎沒有為中國贏得任何朋友。與蘇聯的對抗本來可以吸引一些中國民族主義者，但是，這樣做的意識形態原因往好裏說也是使人費解的，尤其是對他們的朋友（包括日本左翼政治領袖）而言。回顧起來，毛澤東"文化大革命"對日後發展的主要"貢獻"可能就在於中國已經觸及外交的底線，既沒有家人也沒有朋友可求助了。[14] 除了往上，無路可走。

中華人民共和國在成立後的首 22 年都被置於聯合國大家庭之外，不得不滿足於社會主義大家庭。許多中國人相信，革命的國際主義會取代過去幾十年失敗的民族主義。然而，他們發現屈服於蘇聯的意志越來越令人難以忍受。社會主義大家庭允許老大哥以意識形態一致性的名義干涉別國內政；兄弟間的差異也仍然可能導致危險的敵對民族主義，從而傷害家庭感情。[15] 幸運的是，外部世界正在快速變化。很多國家加入聯合國大家庭，由於這些新成員的幫助，中華人民共和國最終接替了台灣的"中華民國"的位置。

　　1979 年之後，鄧小平轉向了實用主義的政策，中國開始贏得朋友，成為國際大家庭中的一個好公民。一個直接的結果就是，中國自 1978 年以來的改革所取得的增長非常令人矚目。現在，差不多一個多世紀以來，一個強大的中國第一次站在了它的亞洲鄰邦面前。中國目前的考慮是實際的。然而危險在於，尋求根植於中國土壤的共同價值觀的努力，如果被野蠻地操縱在理想和意識形態缺失的條件下，有可能重返狂熱的民族主義。這種民族主義曾經讓中國無親無友，它將會破壞中國想要給外部世界留下的進步印象。既然中國再次被視為強國，它就不能再表現出與擴張主義和帝國有牽連的民族主義。國際體系知道民族帝國可能就潛伏在民族驕傲的修辭背後，它通常會在小一些的成員當中抑制這樣的發展。

　　但是，當一個國家強大起來時，國際體系是無法遏制帝國衝動的。於是，中國越強大，鄰邦就越害怕。如果這種強大伴隨着民族主義，那中國將發現它很難再向鄰邦表明它的好心好意。中國領導者堅持認為他們遠離民族主義，也沒有向任何方向擴張的意願。而他們的可信度取決於他們是否有能力說服所有有顧慮的國家，相信中國鼓勵經濟發展只是為了滿足人民的需要，武裝自己也只是為了防衛目的。中國領導者對此極為關注，一個例子就是他們與東南亞國家聯盟（ASEAN）關係的改善。在仔細研究東盟十國（ASEAN Ten，完成於 1999 年）的建立之後，中國得出結論，這組織代表了區域主義，中國不僅可以與之共存，而且可以以此為基礎，加強與其東南亞鄰邦的和平穩定關係。這當中有政策上的重要轉變，即從對雙邊關係的強調轉向對多邊外交的接納，將 ASEAN 視為一個中國希望與之保持緊密經濟聯繫的單一組織。在兩年之內，朱鎔基很快促成了《中國—東盟自由貿易協議》。[16] 通過自我克制、嚴格的公民紀律和對他人價值的尊重，不斷表達友誼和家庭感情，一個強大的中國實際上可以對國際體系的鞏固提供幫助，雖然後者是非常謹慎地接納它的。

當然，還有遺留的國家主權問題。對此，中國領導人保持開放的態度，除了涉及重新統一台灣的問題，他們很自信一切盡在掌控之中。一個很好的例子是 1997 年香港的回歸，由於後來的靈活性而產生了特別良好的結果。在準備香港 1997 年回歸的商談中，人們對大陸的社會主義法律是否能夠與香港的普通法並存持有很重的疑慮，他們認為中國大陸的黨和政府似乎凌駕於法律之上。在共產黨領導人看來，普通法支持資本主義體系的私有財產，而社會主義法律強調全世界工人階級的共同利益。

　　如果香港成為主權社會主義國家的一部分，普通法的實踐對中國的意識形態地位就形成一種挑戰。這個問題顯然需要加以精心處理。中國反覆強調國家主權，鄧小平也同意香港回歸後的 50 年內保持不同的政府結構。表面上看，似乎存在一個重大的斷裂。眾所周知，世紀之交以來，連續幾屆中國政府已經運用國際關係準則來強調國家主權概念。在這一點上，中國似乎總是訴諸對民族國家體系的保守理解。但是中英談判的最終結果成為法律彈性的一個經典案例。它允許香港對普通法的使用，同時確定中國對香港擁有主權。[17]這當中並不存在甚麼妥協，因為接受普通法的決定是由一個主權國家自願作出的。

　　當然，潛藏的敏感性不容忽視。它們不是來自作為原則的法律的問題，而是源自歷史的影響。中國仍然依照國際法來保護自己。至少，到 1945 年為止，列強通過國際法相互制約，因而它們當中沒有哪一個能夠在剝奪中國權利的時候做得太過分。新的共和國領導人意識到要牽制掠奪性的鄰邦就需要高超的技巧。因此他們的外交官全力以赴掌握了這一國際法。實際上，20 世紀 80 年代，北京政府為理解法律規則作出的努力也非常顯著。這使他們更加自信，認為明智地運用國際法可以更好地保護中國的國家主權。

　　在處理香港回歸中國的問題時，英國人和中國人都不可能迴避主權問題。雖然中國人多年來都公開譴責不平等條約，但在 20 世紀 50 至 70 年代大約 30 年時間裏，他們都沒有堅決要求解決香港問題。這一事實表明領土歸屬問題可以等待。當時，資本主義與共產主義之間的意識形態鬥爭佔據了優先地位。對中華人民共和國的經濟和戰略利益而言，向西方開一扇小窗是至關重要的。對特定範圍的西方商品實行相對自由的貿易，這對中國跟上第一世界的發展進程顯然有益。這突顯出中國領導人並不只是狹隘地關注主權問題這一點，他們很善於靈活地解釋他們的長遠利益。他們韜光養晦以等待合適的時機採取行動，而且他們知道在還沒有完全把握政治的變化莫測時，像主權這樣的問題最好是模糊處理。

田中明彥在《新中世紀》一書中總結中國的經驗說："從根本上說，從 20 世紀 20 年代開始在蔣介石領導的國民黨和毛澤東領導的共產黨之間進行的國內戰爭，是關於如何將中國建立為一個主權國家的戰爭。"[18] 這是對中國從 1927 至 1976 年毛澤東逝世這一期間爭取國家主權的鬥爭的定位。國家主權可以通過內戰來決定，但是其結果必須無可爭辯。如果一方是勝利者，而另一方並沒有屈服，主權就是不完整的。如果國家主權不可分割，那麼除非其中一方徹底失敗或屈服於唯一的勝利者，否則雙方都不具有完整主權。因此，中國堅持說台灣是一個"叛離省份"，暗示除非台灣被大陸統一，否則它的主權就只是部分的。這意味着中國的國家主權處於一種懸置狀態，給東亞和東南亞帶來了問題。關於完整的主權取決於內戰的最後結果的觀念，迫使這一地區其他國家不得不等待最後階段的到來，而且他們也害怕最終以暴力收場。現在很清楚，這會是一個長期的等待，因為美國政府不願內戰打得你死我活。

當有人提出支持台灣獨立的解釋時，中國會感到憤憤不平，這是可以理解的。但是，對中國領導人來說，更麻煩的是把重點轉向另外一種對內主權（internal sovereignty），它不是建立在戰場勝利的基礎上，而是立足於正常的合法化，即依靠人們通過一種自由而透明的投票機制來表達他們的意志。1996 年之後，台灣地區的政府已經通過民主的方式使自己合法化，這一事實突顯了人民主權（popular sovereignty）這一特徵。[19] 這是對中華人民共和國執政黨的直接挑戰。有趣的是，在中國新一代的思想家和學者當中，也可以找到一些並不反對這樣做的人。他們強調中國共產黨維持穩定而高速的經濟發展並最終使中國人民生活水準改善的能力，這已經突出了對領導人責任的一種新的檢驗。這樣的討論間接地增強了民主動因，雖然他們對民主的界定可能跟台灣不同。

在國際舞台上，主權通常是通過大多數國家的外交承認來決定，並通過被接納為聯合國成員而得到確認。如果國家主權是不可分割的，那麼一個國家沒有將每一部分統一在單一國家之下，就不是完整的主權國。這裏，不合常規的是，到 1971 年為止，大多數聯合國成員承認 "中華民國" —— 以台北為行政中心 —— 是一個主權國家已長達 23 年之久，這就對 "主權" 一詞的含義投下了嚴重的陰影。這樣的做法強調的是這一詞語的法律的和正式的一面，只要仍然是聯合國成員，就可以簡單地接受這一國家是主權國家。按照這樣的論證，法律上的主權並不取決於地域上的主權，聯合國成員資格就是全部。

這樣就可以理解，為何中華人民共和國將這一對主權概念的早期運用視為一種嘲諷。這當然沒有提升他們對國際法的尊重。但是，毛澤東意識到了成為聯合國成員的重要性，尤其是因為中國在聯合國安理會當中的特殊地位。他預料到如果中國在聯合國的地位不能得到穩固的話，中國將一直處於被動受壓地位，即使是處理與其兄弟國家如蘇聯的關係時也是如此。實際上，當蘇聯變得不再友好，特別是當勃列日涅夫主義將中國暴露在社會主義的干預之下時，如在 1968 年捷克斯洛伐克所看到的那樣，中國就被真正地孤立了。在那樣的語境下，尼克森 1972 年的轉向非常及時，並且受到了歡迎。這再次使中國領導人確信，當考慮中國在國際關係中的位置時，更為精緻的法律觀點並不是唯一重要的東西。他們觀察到台灣地區領導人希望從美國盟友那裏得到的友誼和忠誠並不可靠。當條件變化時，理解也會被重新詮釋。對中華人民共和國來說，幸運的是，蔣介石所領導的國民黨政權與中國共產黨相比，幾乎沒有甚麼權威性，而且許多美國人也厭倦了它對台灣地區持不同政見者的壓迫。在這種情況下，國際政治的權力平衡就比任何條約或協議都更有分量。於是，中國領導人學到了另一課，即在主權運用上的內在模糊性。

漢族佔中國人口 90% 以上這一事實，給中華人民共和國政府帶來了優勢。但是仍然存在領土和合法化的問題。領土方面的問題在於三大少數民族羣體，蒙古族、藏族和維吾爾族，雖然實際人口數量小，但他們居住在占這個國家三分之一的土地上。如果台灣問題仍然懸而未決，那麼他們也有自己的領導人可以嚴肅地質疑中國邊界的有效性。於是，重新統一清代中國領土的需要變得比在戰場上得勝更加重要。重新統一，意味着得到法律認可的中國領土沒有一塊會被遺漏。中國已經承認，即使是在戰爭勝利之後，關於少數民族的自治權（如非自決權）的協商也是必要的。如果這樣的協商失敗了，少數民族可以通過國際調解，尋求一種較小的主權。還可能有第三種也是最不受歡迎的可能性，即讓較弱的一方尋求更強大的外部同盟的保護，並邀請干預來確保其主權。

內部協商的累積效應、外部調解和國際干預的可能性，迫使中國人重新審視主權的內在本質。哈樂德‧拉斯基（Harold Laski, 1893-1950）第一個攻擊這個概念的效用，他認為所謂主權問題在政治權力的世界中沒有任何可靠性。他在 1917 年首次發表的著名論文《主權問題研究》中提出了這個觀點。[20] 主權的捍衞者們把注意力集中在概念的法律規定以及這一事實上，即這一概念對試圖抑制大國野心的較小國家有價值，但他們無力反駁拉斯基對大國骨子裏的偽善的抨擊：這些大國玩弄着這個概念本身的模糊性。

　　目前階段表明，主權將會一直是一個難以捉摸的目標。現實要求兩黨都要依賴於地區霸權。中華人民共和國很快發現同志的力量並不能為其主權提供擔保，絕對的社會主義忠誠所需要的代價太高。同樣，"中華民國"也不得不認識到它的保護者也可能通過談判將其請出聯合國。對中華人民共和國來說，更能說明問題的是，它發現進入安理會的"內庭"，也不能賦予它統一所有領土的權利。20 世紀 20 年代，在中國還非常脆弱的時候，強大的外部力量將蒙古從中國分離出去，時間已經將此塵封。同樣的過程也可能使重新統一受到牽制，而時間也可能將此石化。同樣，中國也害怕任何衰弱的跡象都可能引發針對其在西部新疆和西藏地區的主權的行動。模糊性仍然對今天中國的安全感造成持續的威脅，並沒有隨着冷戰的結束而結束，任何一個強權國家都可以通過影響中國鄰邦中的敵對盟友來進一步破壞中國的主權。

　　那麼，模糊性是否有終結的一天？中國是否會滿足於一個依賴相對力量的衝突世界中的主權觀念？中國人對"王道"概念非常敏感，它是一種保護弱者不受強者支配的道義力量。這也包含了一種理想的訴求，這種理想可能幫助世界脫離其現有的持續競爭和衝突的狀態。這種訴求非常強烈，因為中國在過去一個世紀的經歷已經證明，對控制權無節制的追求，最終會導致自我毀滅。轉向國際法律和秩序體系雖然並不令人滿意，但是，讓許多外部觀察者驚訝的是，中國人似乎已經拋棄了他們最初不看好聯合國和類似國際機構的態度。他們看來考慮好了：聯合國的不完美不應該令人沮喪，而應該通過改革國際法律和制度，成為做得更好的動因。目前，世界組織對主權國家的承認，可能已經是中國人所能希望的最好狀態。由於中國人的政治文化中所暗含的一些觀念以及他們對歷史的長遠眼光，他們會繼續相信，最終只有財富和權力能夠保護他們的國家主權。

注釋：

〔1〕　John K. Fairbank（費正清）（ed.）, *The Chinese World Order*；Morris Rossabi（羅荿銳）（ed.）, *China Among Equals: The Middle Kingdom and Its Neighbors, 10th-14th Centuries*（Berkeley: University of California Press, 1983）。

〔2〕　自 1836 年亨利・惠頓的《國際法原理》（*Elements of International Law*）出版以來，世界已經取得了很大的進展。對國際法的政治學產生過特別影響的有 Hedley Bull, *The Anarchical Society: A Study of Order in World Politics*（London: Macmillan, 1977）；Robert Jervis, *Perception and Misperception in International Politics*（Princeton: Princeton University Press, 1976）；Michael Cox, Tim Dunne and Ken Booth（eds.）, *Empires, Systems and States: Great Transformations in International Politics*

（Cambridge: Cambridge University Press, 2001）。

〔3〕 Frederick McCormick, *The Flowery Republic*（London: John Murray, 1913）, 257 - 296；段雲章編：《孫文與日本史事編年》（廣州：廣東人民出版社，1996 年），229 至 284 頁；李吉奎：《孫中山與日本》（廣州：廣東人民出版社，1996 年），286 至 303 頁。

〔4〕 《孫中山全集》（北京：中華書局，1982 年），第 2 卷，第 1 至 19 頁、47 至 48 頁、94 至 97 頁、第 105 頁、160 至 167 頁、316 至 329 頁。

〔5〕 張維華：《明史佛朗基呂宋和蘭意大里亞四傳注釋》（北京：哈佛燕京學社，1934 年）。

6〕 謝清高：《海錄注》（北京：中華書局，1955 年）；王大海：《海島逸志校注》（香港：學津，1992 年）。

〔7〕 林則徐：《四洲志》（北京：華夏出版社，2002 年）；魏源：《海國圖志》（長沙：岳麓書社，1998 年）；徐繼畬：《瀛寰志略校注》（北京：文物出版社，2007 年）。參見 Jane Kate Leonard（簡凱特・倫納德）, *Wei Yuan and China's Rediscovery of the Maritime World*（Cambridge, MA: Council on East Asian Studies, Harvard University, 1984）。

〔8〕 趙爾巽：《清史稿》；中國第一歷史檔案館編：《清代中國與東南亞各國關係檔案史料彙編》（第二冊菲律賓卷）（北京：國際文化出版公司，1999 年）。

〔9〕 於是徐中約的博士論文出版時名為 China's Entrance into the Family of Nations: The Diplomatic Phase, 1858-1880

（Cambridge, MA: Harvard University Press, 1960）。

〔10〕Odd Arne Westad（文安立）(ed.), *Brothers in Arms: The Rise and Fall of the Sino-Soviet Alliance, 1945-1963* (Washington, D.C.: Woodrow Wilson Center Press, and Stanford: Stanford University Press, 1988); Chen Jian, *Mao's China and the Cold War* (Chapel Hill: University of North Carolina Press, 2001)。

〔11〕曾友豪：《中國外交史》（上海：商務印書館，1926 年；重印《近代中國史料叢刊續編》，第 19 輯，第 2 部，187 號，386 至 458 頁）。可與後來歷史學家的著述相比較，見吳東之編：《中國外交史：中華民國時期（1911—1949）》（河南：河南人民出版社 1990 年），其中 69 至 185 頁關於 1920 至 1928 年間對不平等條約的討論。也見洪鈞培編：《國民政府外交史》，《近代中國史料叢刊》280 號，（上海：華通書局，1932 年；台北：文海出版社，1968 年重印）。顧維鈞：《顧維鈞回憶錄》（北京：中華書局，1983 年），第 1 卷，316 至 365 頁、391 至 400 頁、409 至 442 頁。

〔12〕王緝思：《國際政治的理性思考》（北京：北京大學出版社，2006 年）；Alastair Iain Johnston（阿拉斯特‧伊恩‧莊士東）and Robert S. Ross（羅伯特‧羅斯）(ed.), *Engaging China: The Management of an Emerging Power* (London: Routledge, 1999)，尤其是阿拉斯特‧伊恩‧莊士東和 Paul Evans（保羅‧依雲斯）所寫章節 "China's Engagement with Multilateral Security Institutions", 235-271。

〔13〕閻學通、徐進編：《中國先秦國家間政治思想選讀》（上海：復旦大學出版社，2008 年）；Yan Xuetong, *Ancient Thought, Modern Chinese Power*, ed. Daniel A. Bell and Sun Zhe and tr. Edmund Ryden（Princeton: Princeton University Press, 2011）。關於這一時期的歷史，參見 Hsu Cho-yun（許倬雲），"The Spring and Autumn Period"，Mark Edward Lewis（馬克・愛德華・劉易斯），"Warring States Political History"，見 Michael Loewe（魯惟一），Edward L. Shaughnessy（夏含東）(eds.), *The Cambridge History of Ancient China: From the Origins of Civilization to 221BC*（Cambridge: Cambridge University Press, 1998），545-586, 587-650。較早地提出中國的國家間關係體系的是 Richard L. Walker（吳克），*The Multi-state System of Ancient China*（Hamden, CT: Shoe String Press, 1954）。

〔14〕Wang Gungwu（王賡武），*China and the World Since 1949: The Impact of Independence, Modernity and Revolution*（New York: St. Martin's Press, 1977），106-141。

〔15〕沈志華、楊奎松等編：《中蘇關係史綱（1917—1991）》（北京：新華出版社，2007 年）。忍無可忍的可能就是 1968 年勃列日涅夫主義施於捷克斯洛伐克。但是如 Robert A. Jones, *The Soviet Concept of "Limited Sovereignty" from Lenin to Gorbachev: The Brezhnev Doctrine*（Basingstoke: Macmillan, 1990）一書所示，這一主義的根基可以追溯到更

遠。

〔16〕東盟對於這一發展的觀點,參見 Rodolfo Severino(魯道夫・斯華里諾), *Southeast Asia in Search of an ASEAN Community: Insights from the Former ASEAN Secretary-General*(Singapore: Institute of Southeast Asian Studies, 2006)。也見 Wang Gungwu(王賡武), "China and Southeast Asia: The Context of a New Beginning",David Shambaugh(沈大偉)(ed.), *Power Shift: China and Asia's New Dynamics*(Berkeley: University of California Press, 2006), 187-204。

〔17〕Wang Gungwu(王賡武)and Wong Siu-lun(黃紹倫)(eds.), *Hong Kong's Transition: A Decade after the Deal*(Hong Kong: Oxford University Press, 1995)。

〔18〕田中明彥著,Jean Connell Huff(tr.), *The New Middle Age: The World System in the 21st Century*,(Tokyo: International House of Japan, 2002),日文版於 1996 年出版。

〔19〕在這一主題上的爭論多於學術性的研究。對關鍵問題的考察彙編參見 Dafydd Fell(戴維德・費爾)(ed.), *The Politics of Modern Taiwan*(London: Routledge, 2008); Edward Friedman(愛德華・弗里德曼)(ed.), *China's Rise, Taiwan's Dilemmas and International Peace*(New York: Routledge, 2006),以及 Jing Huang and Xiaoting Li, *Inseparable Separation: The Making of China's Taiwan*

Policy（Singapore: World Scientific, 2010）。

〔20〕Harold J. Laski, *A Grammar of Politics*（London: G. Allen & Unwin, 1930）。中文文本參見王逸舟：《西方國際政治學：歷史與理論》（上海：人民出版社，1998 年）；閻學通：《中國國家利益分析》（天津：天津人民出版社，1996 年 ）；Daniel Philpott, *Revolutions in Sovereignty: How Ideas Shaped Modern International Relations*（Princeton: Princeton University Press, 2001）。

第四章　革命是新的天命

當古代中國的"革命"一詞被等同於歐洲的大變革（revolution）概念時，中國人經歷了一次重大的視角轉換。[1]人們發現，發生根本性變革的根據可以不再是天意與一個新王朝之間的連接。轉型並不必然來自如戰爭、叛亂或侵略等暴力行動，以此推翻一個頹敗王朝或建立一個新王朝。它們可以和平地脫胎於諸如經濟的發展、科學和技術的創新、新穎的觀念，以及引發思維模式轉變的大膽的制度改革。但因為"革命"就其"革去天命"的含義而言，在3000多年正統王朝歷史中的用法，都是為了政治合法化的目的，所以現代用這個詞去試圖涵括更寬泛的變革因素時，就產生了歧義。

在中國歷史當中，"天命"的觀念指的是天賦予那些統治天下者的使命。這種觀念來自商朝奠基者滅掉夏朝的時候。這次革命不僅是得到天的保佑的正當行為，而且是一個持續了長達400多年時間的勝利。接下來"天命"又被應用到周的奠基者對商的取代，這是一個更為成功的權力佔有，它持續了差不多800年的時間，儘管，實際上周的天子軟弱無能，而且在周朝後期400年的大部分時間中都在歷史視野之外。

　　從那以後，"革命"就被用來描述朝廷的成功更替，至於這個朝代持續多長時間或者其成就如何，並不重要。早期的歷史學家用"天命""天授"和"上天明命"之類的詞語將新的統治者與正當性聯繫起來，於是"革命"就成為一個慣例性的甚至是技術性的術語，用來描述王朝的變化。[2]當人們用"革命"來翻譯歐洲的大變革概念時，這個詞語獲得了新生，成為人們卸下自己過去一切負擔的標誌。這一圖景在 20 世紀大部分時間裏得到廣泛接受，表明人們期待發生一種能使中國文明免遭遺忘的變化。然而，20 世紀 80 年代以來，在鄧小平提出改革和對外開放之後，革命在很大程度上已成為歷史現象。雖然沒有人能夠在書寫中國現代歷史時迴避這個詞語，但在中國幾乎沒有人會用它來形容過去 30 年的發展。為甚麼會這樣呢？

　　因為"革命"與暴力的使用和舊秩序的崩塌的關聯之緊密，遠比歐洲的大變革概念所表達的更甚。人們可以使用大變革的概念論證說，1978 年之後數十年的經濟改革確實在中國製造了一場觀念上的、生活方式上的、經濟和社會結構上的巨大變革。但是"革命"這個詞語還保留着與暴力變革之間令人記憶猶新的關聯，因而並不適宜描述鄧小平及其後繼者們所希望看到的改變。因此他們有理由避免使用這個詞而選擇了"改革"一詞。這是一個重大的選擇，因為就在不久以前，對那些為革命獻出了生命的人們來說，改革還令人深惡痛絕。

從"革命"既意味着改變天命又意味着現代大變革觀念之時開始，它就被用來形容那場動員起千千萬萬人推翻清王朝並決定建立現代國家的運動的特徵。在辛亥革命或 1911 年革命 —— 讓中華民國成立起來的革命 —— 100 周年的時候，中國大陸各主要城市、台灣和香港地區，以及海外的中國人都舉行了紀念活動。在此之前兩年，中華人民共和國也慶祝了它 60 周年的誕辰。前者是一種政治革命，產生了一個不同類型的國家，而後者則標誌着幾十年內戰所鍛造出的社會革命的頂點，它是對第一次革命所發動起來的運動的完成。1912 年建立起來的民國是全新的，它太異類了，以至於大多數中國人都不清楚他們的國家會變成甚麼樣子。憲法變了，但是也幾乎沒有人明白憲法是用來幹甚麼的。人們看到，大量的軍閥和其他參與者在一系列的內戰中耗盡了他們的資源。而且，這個國家整個處在外國壓力和侵略的陰影之下，不得不為新秩序的建立苦熬多年。

直接的變化是非常重大的。令在日本和海外各地的青年中國學生感到震驚的是，大變革的觀念給民族主義的強大觀念增加了另外一個維度。新的政治組織如興中會、保皇會、同盟會和帝國憲政會，從傳統的"會"轉向了"黨" —— 儒家精英一直迴避的一個詞。將"革命"與"黨"結合起來所產生的革命黨，因 1912 年之後的成功而備受尊敬。

"革命"和大變革都跟暴力的使用有關聯。這種聯繫在後來的半個世紀中一直持續並在毛澤東那裏得到拓展，乃至延伸到 1949 年之後直至 1976 年他去世，從而形成了一個長達差不多 90 年的暴力的紀元。在這一紀元的頂峯，暴力演變成一場兩大主力，即國民黨和共產黨之間的全面內戰。但是，沒有人會預料到暴力仍會持續。20 世紀 60 至 70 年代，在“文化大革命”的名義下，中國共產黨自己的一些領導人也被打倒了。[3]

革命的道路使現代中國成為世界歷史的一個重要部分，並提出了這樣一個問題：它在中國更長時期的歷史中處於何種位置。革命是如何與幾千年的暴力和統治 —— 塑造了過去的中國並發展出一種獨特的中國文明 —— 相關聯的？把孫中山取代舊王朝統治叫做“革命”，將意味着與中國的過去沒有斷裂。於是大部分中國人便沒有甚麼顧慮，即使他們並不真正明白革命用怎樣一種國家形式取代了君主專制。最終，他們也不知道，將帝制國家重新命名為中華民國意味着甚麼這一問題，與真正地“革去天命”從而終結統治中國長達 2000 年的制度相比，並不重要。

一旦“革命”獲得更廣泛的含義，將各式各樣革新性的變化都囊括其中，中國思想家和學者們便開啟了視野，正面挑戰中國傳統社會各方面的運動。這包括為了避免這個國家遭到社會達爾文主義式命運，進行整個民族的再造，並最終實現現代化的可能性。於是歷史學家們開始重構中國歷史中某些部分的圖景，不僅強調其當代變化，而且將 20 世紀的大事件往前追溯，與整個中國的過去連接起來。[4]

那麼，"革命"與現代大變革的趨向如何幫助我們理解中國在世界歷史中的地位？它是否將中國歷史放置到了一個更廣闊的、所有中國人都能理解的、可以說明他們與世界其他部分發生聯繫的視角呢？

當人們把"革命者"一詞用到孫中山身上時，他成了中國第一個可以被稱作職業革命家的人。他對"革命"一詞的接受，不僅因為他認為他的行動是正確的，而且因為他在國外接受的教育為他引入了歐美關於現代治理的觀念，包括民族主義和共和原則的觀念。在此之前，從來沒有一個來自境外的中國平民試圖組織一場世界範圍的運動以奪取天命。孫中山還把自己和歐美大革命的領導者作比較，從而用大變革的觀念來鼓舞他的舊式的秘密結社組織。這樣，當武昌起義使中國歷史上第一個共和國建立起來時，他便可以正當地宣佈"革命"與大變革之間的類比是合理的。

1925 年，孫中山臨死前告誡他的追隨者說"革命尚未成功"，並敦促他們繼續奮鬥。他這裏所說的"革命"是甚麼意思？他是不是僅指還沒有贏得天命？還是，除那以外，他所認為這個國家需要進行的更為根本的改變？到那時為止，民國挺過了至少兩次復辟帝制的企圖。顯然，僅僅宣告共和還不夠。袁世凱作為總統，他自己發起了第一次復辟。這次復辟失敗後一年，又發生了另一次更可憐的復辟帝制的未遂企圖。孫中山看到他的政黨的使命還沒有完成，因此告誡人們還需要繼續奮鬥。只是沒有人會預料到，50 年後當蔣介石在台灣去世時，這一使命仍然沒有完成。[5]

孫中山的臨別遺言被人們反覆引述了幾十年，因為國民黨領導人相信，為了完成任務，這個國家必須完成孫中山的三個目標 —— 民族主義、民權主義、民生主義，即三民主義。[6]他的追隨者們接受了他的敦促，作為對手的中國共產黨的領導人在他們推翻國民黨及之後的 20 年裏，也是如此。對他們來說，只有當中國共產黨取得最後的勝利時，革命才算完成。

簡言之，1911 年革命只是個開始。它所宣告的共和僅僅是一個名義上的初步變化，還需要幾十年時間的奮鬥才能真正完成任務。1928 年國民黨的勝利幾乎完全被日本的入侵所抵消；而 1949 年的毛澤東並不滿足於一場只是代表政權改變的"革命"。人民共和國建立時，仍然只是通過戰場上的勝利而得到的權力轉移，每一個中國人都懂得這一點。天命由此得到傳遞，現在輪到中國共產黨來確認這一合法性是名正言順和經得起考驗的。不過，對毛澤東來說，1949年只是邁出了第一步，在整個進程中，每一次勝利都是向下一步的邁進，而為了實現共產主義夢想還要走許多步。革命的目的並不只是簡單地得到國家的主權。在這一點上，毛澤東受到了蘇聯革命的啟發，因為對於後者來說，歷史的目的，是讓那些代表工農，為建立未來的共產主義社會而奮鬥的人們，取代現存的精英階級。

　　勝利者擁有選擇。他們可以通過致力於社會主義變革的新的領導班子來維護國家穩定，也可以強調受蘇聯啟發的一些國際目標。對於革命的真正意義，黨的領導人並沒有達成一致認識。毛澤東看到他的政黨的大多數成員更願意鞏固國家復甦、重新設計一元化制度和享受勝利果實。他也看到來自過去政權的東西根深蒂固。雖然暴力而殘酷的運動清除了農村中的地主和城市中其他的剝削階級，尤其是那些曾與帝國主義敵人合作過的人，但是國家機器和官僚機構中的既得利益者仍然受到保護，而舊的統治習慣仍然殘存。尤其是在戰爭中和戰後都同情中國共產黨的受過更良好教育的愛國者，他們期待的是一種與毛澤東及其追隨者所設想的不同的發展。

　　重建的確帶來了快速的工業化；新政權也將經濟從國民黨遺留下來的可怕的通貨膨脹中拯救出來，並且作出決定性的努力，確保中國的主權遍及清朝時所擁有的整個領土。不過，毛澤東堅持革命尚未成功，這看來是對孫中山遺言的回應。他呼籲通過"不斷革命"來消滅所有舊時代的殘餘，因為他認為歷史的殘餘是過時的並且阻礙了發展的道路。

　　在中國，從對"革命"的一成不變的觀點，到對大變革的粗糙的解釋，再回到對歷史中的劇烈變革之複雜性的一種更為微妙的理解，我們可以把這幾種思潮和四個人聯繫起來，即孫中山、蔣介石、毛澤東和鄧小平。他們分別代表了四種不同的革命目標，儘管他們都力圖將傳統中國歷史與現代世界歷史的其他部分聯繫起來。當孫中山將"革命"和大變革等同起來並同時使用兩種含義時，他使這兩個詞模糊化了。在說革命尚未成功時，他是否意指他的政黨還沒有當權而中國也還沒有統一的事實？或者他想到中國還不是一個民族國家？或者他在思考，像法國和俄國大革命那樣的自由、平等和民權的社會秩序仍然遠未達到？他的傾向性自始至終都不夠清晰，國民黨中的繼承者也因對黨的最終目標的不同認識而產生了分裂。

　　蔣介石是一介武夫，他在 1928 年後取得了對政府的實際控制權。他宣稱要做一個愛國者，要實現孫中山的民族理想。但是他的軍人背景和手段被證明是一種政治負擔。在與中國共產黨和各軍閥進行的長期內戰中，他既不能統一國民黨也不能統一這個國家。此外，事實證明，挽救中國於日本侵略的任務，對他的政黨來說是致命的。雖然中國確實作為一個主權國家挺過了這場戰爭，但是戰場上的勝利對他來說卻可望而不可即。[7]

　　至於毛澤東，他的抱負是帝國榮耀與流行的救世主義的獨特組合。在此之上還加上了一些歐洲意識形態，對此，即使是他最親密的戰友也難以領會。但是，他對未來的願景，並未帶給共產黨勝利，戰場上的勝利來自大膽的謀略、外部的干預以及他的對手國民黨的錯誤等諸方面的傳統結合，這與中國歷史上典型的政權更迭，其實並無太大區別。[8]後來，毛澤東進一步發起"無產階級文化大革命"，其結果是如此的可怕，以至於鄧小平不得不拋棄毛澤東的超級政黨和超級民族目標，而使黨回到更為基礎的層面。

鄧小平是為革命而奮鬥的第四位領袖，而他領導恢復元氣的中國共產黨，已不再談論革命。[9]這個黨宣佈革命已經成功，應該把注意力集中於一個統一的民族的繁榮富強。實質上，這一革命成功後的目標被鄧小平重新表述出來，目的是要達成類似於 60 年前孫中山所懷抱的理想[10]。他們要創造一個統一和獨立自主的民族，擁有代表天意的廣泛支持。一旦達到這個目標，國家就會繁榮興旺，國泰民安。不過鄧小平對社會主義的承諾已經超出了孫中山所宣導的"民生"。他認為資本主義是邁向社會主義的一個必經階段。他對中國共產黨的社會主義理想的信念並沒有削弱，儘管他在與毛澤東共事的那些年遭受了無數的個人打擊。

簡言之，借由這四個人的抱負，革命和大變革都可以用來描述取代清王朝的民族起義，也可以用來描述中國共產黨的勝利 —— 致力於實現受到外國啟發的理想。這兩個詞語已經非常成功地融入中國人的意識，以至於中國歷史都需要重寫，從而將變革的現代觀念反過來去應用於、去解釋乃至去評鑒從古到今某些戲劇性的、暴力式的或轉型性的變化。中國的史學家不再局限於"革命"的原初含義，他們可以自由地決定哪些事件和運動可被稱為革命。

在對清史的書寫中可以找到比較極端的事例。20 世紀 20 年代編成的《清史稿》被斥為低劣和錯誤的，一部分原因是它墨守儒家的陳規。現在人們視清朝為一個被大革命推翻的王朝，而這場變革完全不同於 1644 年滿族人推翻明朝的"革命"。不過，對許多中華人民共和國的歷史學家來說，建立起太平天國（1851—1864）的那場起義，雖然被所謂的"基督"迷信所誤導，卻代表了最初的現代進步力量，因而值得被視為變革。[11] 當然，拋棄《清史稿》是一回事，就怎樣正確地書寫一部新的清代史達成一致意見，則是另外一回事。現在，我們還在等待，清王朝結束後差不多 100 年時間裏積累的大量工作的完成，而觀察作者們會如何使用"革命"一詞來描述朝代更迭，以及清王朝時期發生的各種起義，也很有意思。[12]

這樣一個詞語，既然它既可以描述 1911 年革命，又可以描述後來整個世紀發生的無數變化，它就不會像許多歷史學家曾表述過的那樣狹隘。對這個詞語的保守用法中帶有一種假設，即至少從秦漢時期開始的二千多年時間裏，中國這個國家都沒有發生過甚麼變化。但是，加深這種誤解的卻是中國古代經典和典籍的高度修辭化 —— 在後來的朝代歷史中被不斷複述。它們把某些基本觀點和制度的連續性，同整體上的政治停滯的圖景混淆起來，由此塑造了一個不變的中國的形象。

實際上，不變的中國是對中國歷史的嚴重誤讀。官方歷史學家以一種反映儒家模範秩序的主流話語來描述每一個朝代週期，正是此種誤讀的始作俑者。[13] 這裏我想強調一下在東漢滅亡之後歷史學家們不得不面對的問題，即如何確定魏蜀吳三國的合法性，還有，如北魏及其後繼者之類的部族征服者王朝怎麼能與晉朝（包括西晉和東晉）結盟。例如，北方拓跋突厥王朝是堅定的佛教徒，另一種帝國血統本來可以取代漢人話語。在持續大約 150 年的動亂之後，在公元 6 世紀後半期，服務於北魏的魏收選擇了用儒家話語將當時的變化合理化。他依照班固的《漢書》的歷史編撰方式，編撰了《魏書》。這樣一來，就使北方朝廷擁有了合法性。

最終，天命問題在幾十年後得到了解決，隋朝和唐朝的奠基者在中國北方通過重新收復南方而統一了中國。唐朝時期，人們為長期分裂時期的幾個短小的朝代編撰了新的"正史"，以便讓隋唐統治者擁有與 380 年前漢朝所擁有的天命的連續性。魏收的作品在當時被斥為拙劣之作，然而它畢竟曾經被視為官方文本，因而它實際上為後來所有的官方歷史提供了以朝代為歷史寫作範本的連續性。當政的朝廷是來自漢族還是北方部族，已經變得不再重要。[14] 從那以後，這一寫作範本成為合法化的另一個手段。

第二個資源來自西方。自從西方思想家首次讀到耶穌會會士關於中國明代晚期和清代早期的報告，他們便震驚於這個帝國的文化持久性和穩定性。他們得出結論，中國沒有甚麼值得談論的制度變化或學術創新。人們描述的既落伍而又沾沾自喜的明朝後半葉，也許可以證實這一點。但是，對於後來的清朝，這卻是一種誤解。顯然，人們不太了解最初幾

個滿族皇帝所帶來的政治體系上的有力變革。結果，18世
紀歐洲的哲學家和歷史學家紛紛強調中國的恆常不變特徵，
而這樣的形象深深地影響了黑格爾和馬克思的論述。[15] 最
後，由毛澤東領導的中國共產黨，引用馬列主義理論來批判
代表着“亞細亞生產模式”的整個中國傳統已經過時。這當
然有助於他們擁護這種理想：繼續進行深刻的社會政治革
命，直至完全終結所有剝削階級的統治，從而讓人類到達共
產主義的歷史階段。

在這第二個來源的幫助下，產生了一種理想主義的願
景，不過這願景在世界上大多數地方都已經被拋棄了。第一
個來源在官方儒家史學家那裏得以維繫，然而確實需要加以
處理。秦、漢、唐、宋、元、明、清每個朝代所接收的天命
都存在着重要的區別。在這些朝代和一系列短命王朝 —— 他
們在官方歷史中聲稱擁有新的天命 —— 之間還存在着更大
的區別。[16] 比較而言，某些長命的朝代所取得的轉變甚至
可以與中國歷史中的革命性變化和重大轉變相比。這些轉變
的發生不是通過朝代的更替，而是就在朝代流轉過程中。[17]
此外，還有一些不穩定時期，雖然與朝代變化沒有關聯，但
當時的社會和政治都開始發生變化。當社會不同階級中的活
躍羣體試圖從權力結構內外獲得權力的時候，這樣的情況就
發生了。[18]

歷史的證據表明，當“革命”一詞被應用於一個朝代的
開啟時，並不意指重大的變化必然發生。那麼，為甚麼今天

這個詞如此成功地內化為大變革 —— 一種與極富戲劇性和深刻轉變相關聯的現象 —— 的同義詞了？

　　這裏有兩點很重要。第一，這個詞語對中國歷史的書寫意味着甚麼？第二，它現在是如何深入現代國家的本質的。中國史學家已經提出，僅一次變革不足以在 20 世紀讓中國實現大轉身，而且變革也分不同的類型。不管怎樣，人們應該相信徹底的變革只能是逐步獲得的。中國的每一個變革領導人都知道政治變革是危險的政治行為，其後果不堪設想。當人們認為變革不可避免時，這當中就已經預設了他們對過去態度的轉變。用"革命"來代表天意或王朝初創者的願望，這已經不再令人滿意。而作為變革，它提升了這個概念，代表着人們對可見的更美好生活的嚮往。於是，對歷史的研究和寫作變得更加帶有目的性。中國人不再滿足於從歷史中學習道德的、循環的、萬古不變的教誨。他們現在已經有了可靠的新標準，來衡量歷史會把他們帶到何處，以及會在何處帶領他們。

　　從 20 世紀 20 年代開始，有過一些重寫中國歷史的嘗試，人們試圖尋找可將變革的現代觀念應用到中國歷史中去的時代和場合。在民國的歷史學家中，這種改變是有節制的。"革命"的原有含義受到尊重；他們將它運用到孫中山身上，把他視為國父，孫中山提倡明智而重大的變化，的確很像某些王朝的初創者。中華人民共和國的歷史學家，在毛澤東的鼓舞下，變得更加具體。他們認為秦始皇的功績是革命性（revolutionary）的，並用變革的觀念來檢驗所有運動，這些運動都指向權力精英，提供相對於正統地位的激進選項。有些人更進一步，用馬列主義的階級分析方法來檢驗每一個歷史時期中的這樣一些運動。[19]

20世紀的中國史學家已經表明，他們從2000年的朝代循環論轉向線性目的論時沒有絲毫困難，後者吸收了歐洲的進步觀念，當中有些人甚至用循環論和線性論兩種話語重新回去檢視中國歷史上發生過的所有歷史變化。他們處理每個朝代的起起落落，同時也分析涵蓋幾個朝代的更大趨勢，例如唐宋（包括五代時期）的政治與思想轉變、宋元明的經濟發展以及明清治理結構中的大規模變化。

既然以線性論為基礎的"變革"可以與以循環論為基礎的"革命"互換，其他歷史現象也可以被調整來適應傳統和現代兩種話語。這種能力使得中國人可以靈活而富有創造性地看待他們通往建設現代國家的道路。有跡象表明，在今天的中國存在不止一種治理結構，因為它不願遵循任何一種單一模式。在某種程度上，這源自改變天命的方式仍是一個有效的概念，而變革的目標卻總是未完成的。更具體地說，中國人民解放軍力量的形成深深地根植於毛澤東—列寧主義遺產，因而戰場上的勝利確認了"革命"的傳統，而經濟的適應和妥協則是通過引進資本主義體系來服務於混合的現代國家。

中國自1978年以來的經濟改革沒有學習任何模式，而是如鄧小平所説的那樣"摸着石頭過河"。[20] 除了某些明顯的失誤，這個國家的治理結構已經能夠讓大規模的經濟改革以其特有的方式進行。現在，大規模的社會和文化變化已經被納入未來經濟和政治策略的考量當中。當然，也出現了越來越多無法僅僅通過財富和權力來解決的問題。到目前為止，中國的改革已經證明中國不再需要複製他人的模式，而且看上去也不像任何他國那樣行事。於是，當中國人思考發展和未來變化的方向時，他們有可能訴諸他們自己所擁有的各種不同的遺產，尋求他們所需要的觀念和制度。

對中國人來説，直接的遺產包括鄧小平自己確立起來的一些原則。這些原則告誡黨的領導人要有意識地把注意力集中在對世界經濟的開放上，掌握管理方法，採用先進技術以適應中國的迫切需要。不過在可能的範圍內，黨的領導人也必須保持其治理結構。到目前為止，他們確實做到了這些，不過現在許多人都認為中國需要一種新的眼光。第二方面的遺產源自毛澤東和變革帶來的苦果。中國人歷經內戰、外來入侵、超級大國的威脅以及劇烈的自我更新後，從中汲取了各種教訓。所有這些內憂外患使中國得以產生出一個中國共產黨領導下的久經考驗的政治體系。中國共產黨也在發生改變，目的是為了更加自強和自立，以完成建設一個統一富強的中國的使命。儘管最初受到西歐馬克思主義和東歐列寧主義的影響，毛澤東思想的創新在必要的時候仍然是可以借用的資源。

　　第三方面的遺產可以追溯到孫中山，他代表了中國人意識中現代性的第一波。他留給後人的一整套觀念當然不盡完美，但他既開明地敦促中國人向外面的世界學習，同時又肯定基本的中國價值觀。孫中山對民族主義的籲求一定程度上是基於他對民主理念的尊重，以及將農民大眾從幾千年的被忽略狀態中解放出來的願望。他們從英美吸取理念，但是直到現在，這些理念還都沒有在中國的土壤中生根。進而有了第四種不太明顯的政治文化遺產。現在許多籲求政治改革的人都轉向前現代文本以尋求靈感，因為他們認為"摸着石頭過河"已經不夠了，中國共產黨的結構太僵化，民族主義的口號可能很危險。雖然對聖人智慧的轉向還是一種站不住腳的演練，但是近來大量的舊觀念重新浮出水面的現象，的確不同尋常。這包括對以人為本的呼籲，對社會和諧的探求，對老人、家庭和核心傳統價值觀的尊重，以及公共領域中以德為本的行政作風。

　　後革命的目標（post-geming goal），即讓中國成為一個發展的、穩定的和得到廣泛認可的國家和民族，看起來無可置疑。很多精明的頭腦都在思考各式各樣達到這一目標的思想和方法。他們能達成唯一的共識是，不論中國變成甚麼樣，它都會是與眾不同的，因為它的歷史一直都是如此。中國不能也不會照搬別的國家或民族的模式，但是對於怎樣找到一條變革之後的發展道路，很難達成一致意見。大部分中國人承認，中國不受世界其他地方所發生事件影響的空間很小。

正是在這一語境中，我們看到，後變革時代的中國面對兩種人之間的衝突，一種人對改變他們手中掌控着的東西感到不安；一種人對引進有影響的新觀念迫不及待。基於上述對中國的民族心智共同發揮影響的四種主要遺產，可以說中國人實際上擁有可資利用的豐富的資源。那麼，這是國家可以長治久安的一種切實可行的條件嗎？抑或這只是一個暫時階段，直至下一代領導人能夠決定哪一種改革最適合中國？或者它是否會演變成一種不確定的政治結構，其中各個目標不同的利益集團會將政府領導人引向癱瘓狀態？

中國歷史表明，這個國家為適應外來的新的挑戰已經歷經多次調整。最好的例子，像公元 4 世紀在拓跋 —— 突厥軍隊的威脅之下所作的調整，元朝時期在偉大的蒙古世界性帝國的統治下進行的調整，以及在長達 267 年的滿 —— 蒙 —— 漢結構中所作的調整。每次調整都是艱難而痛苦的。但是漢唐人的主體每次都挺了過來，並為下一個時代建立起新的國家結構。每過 1000 年，中國就要在新的需要跟儒家基本思想和制度之間作出一些妥協。那麼，這是否也是今天的中國領導人仍然期望的呢？在一個迅急而富有滲透性的溝通將跨越所有界限並觸及每一個人心靈的時代中，這樣一個目標現實嗎？

毛澤東去世後，可以說革命終於結束了，鄧小平留下來完成工作。鄧小平為中國成為世界上第二大經濟實體的巨大轉變創造了條件，因而他終結了一個世紀對變革的期待。作為變革的"革命"一詞現在已經被泛化，以至於這個詞與其傳統根源之間的聯繫都需要重新界定。但是一旦沒有了"繼續革命"的口號以及改朝換代的儀式，以統一、富強和繁榮為目的的天命觀念就可以很恰當地與變革的現代目標相媲美。今天，"革命"一詞可以意指長期的變化，如產業和科學的變革，以及其他一系列的變化：從社會、經濟的變革到幾乎所有發生轉變的事情。這樣一些變化的動力有時可能伴隨着劇烈乃至暴力的行動，但這與中國歷史記錄也是一致的。

中國人認識到，有許多種"革命"可以與變革相對等，而且到今天也還是如此。雖然表面上隨革命而來的是朝代的更替，這個概念卻總是帶着對道義和法律上的合理期待。換言之，它並不局限於權力的轉移或僅僅是政權的變化，它與一種新的統治天命的聯繫，預設了一種責任，創造為順利完成天命所必需的變化。這樣，就像"變革"這個詞一樣，革命的概念其實也是一個複合概念。對現在來說重要的是，中國歷史已經證明，通過一個世紀與列強和近鄰打交道的經歷，"革命"和"變革"已經被整合到中國的現代政治文化中。而這只會讓中國人更容易在世界歷史中，尋找到自己的位置。

注釋：

〔1〕　我首次探究"革命"的這種用法是在 Wang Gungwu（王
賡武），"To Reform a Revolution：Under the Righteous
Mandate"，Daedalus，*Joural of the American Academy of
Arts and Sciences*（1993），Spring，71-94。

〔2〕　繼位宣詔和其他詔書的關鍵摘錄可以在大部分正史的本紀
部分中找到。後來那些有實錄的朝代，更完整的宣告版本大
量地確認了這一用法。1911 年武昌起義勝利之後，人們認
為同盟會的名稱應改為國民黨。在那之前，"會"為社會各
層面所接受：從文化與文學社團，到被禁的秘密社團。康有
為和孫中山都打算使用"會"——如哥老會和天地會——
來對抗北京朝廷。被人們遺忘的香港革命者楊衢雲和他的
朋友稱他們 1892 年成立的反滿社團為輔仁文社，使用了文
人偏愛的"社"字。但是在加入孫中山成立的團體時，楊衢
雲將它改名為興中會；Tse Tsan-tai（謝纘泰），*The Chinese
Republic: Secret History of the Revolution*（Hong Kong:
South China Morning Post, 1924）。

〔3〕　郭廷以編：《中華民國史事日誌》（4 卷）（台北：中央研
究院近代史研究所，1979 年、1984—1985 年）；Tsou
Tang（鄒讜），"Mao Zedong Thought, the Last Struggle
for Succession, and the Post-Mao Era"，in *The
Cultural Revolution and Post-Mao Reforms: A Historical
Perspective*（Chicago: University of Chicago Press,

1986）；Rodrick MacFarquhar（馬若德），"The Succession to Mao and the End of Maoism, 1969-1982"，見其本人主編，*The Politics of China: The Eras of Mao and Deng* （Cambridge: Cambridge University Press, 1997）248-339。嚴家其、高皋：《文化大革命十年史》（香港：萬年青圖書中心，1989年），D.W. Kwok（tr.）and（ed.），*Turbulent Decade: A History of the Cultural Revolution*（Honolulu: University of Hawaii Press, 1996）。

〔4〕 對於重新組織從古至今的歷史，20世紀20年代出版了一些有影響的著述，尤其是呂思勉《本國史》4卷（上海：商務印書館，1926年）；20世紀30年代，周谷城的《中國通史》（上海：開明書店，1939年）。對歷史更為激進的重構產生於1949年之後，例如范文瀾《中國通史簡編》10卷（北京：人民出版社，1953年）和郭沫若《中國史稿》7卷（北京：人民出版社1962年）。

〔5〕 當郭廷以在台北寫作他的《中華民國史事日誌》時，李新在北京帶領他的團隊致力於1912至1949年民國時期的幾個部分的歷史。李新的大部分著述在2004年去世之前出版，題為《中國新民主主義革命史》，有一些題為《中華民國史》和《中華革命史》。為慶祝辛亥革命100周年，出版了包括幾個部分的全套36卷、《中華民國史》16卷，《中華民國史大事記》12卷，《中華民國史人物傳》8卷（北京：中華書局，2011年）。

〔6〕 像許多中華民國國立大學的學生一樣，我參加了一年的"三

民主義"必修課程。這是 1947 至 1948 年在南京的國立中
央大學。作為對三民主義的補充，孫中山思想的哲學基礎也
是必讀的。必讀的書目包括陳立夫《唯生論》(南京：中央政
治學校，1933 年) 和他的《生之原理》(重慶：正中書局，
1945 年)。這兩本書的目的，是為了將我們既與儒家思想又
與現代科學相聯。

〔7〕 茅家琦、徐梁伯、馬振犢、嚴安林等編：《中國國民黨史》(2
卷) (廈門：鷺江出版社，2009 年)。

〔8〕 在毛澤東的詩詞中最能體現這一點，尤其是展現其雄心的
《沁園春‧雪》(1936 年) 和《蝶戀花‧從汀州向長沙》(1930
年)，見張向天：《毛主席詩詞箋注》(香港：崑崙出版社，
1969 年)，2.131 和 1.119。

〔9〕 Wang Gungwu (王賡武)，"To Reform a Revolution：Under
the Righteous Mandate"，80-83。

〔10〕孫中山：《建國方略：建國大綱》(台北：正中書局，1965
年)。大陸的相關評論是很有意思的，參見劉明、沈潛：
《建國方略：近代化中國大策劃》(鄭州：鄭州古籍出版
社，1998 年)。另一本書分析了鄧小平關於重新建構國
家的思想，參見黃崢、黃海：《建國大綱理論基礎：〈鄧小
平文選〉學習講話》(北京：戰士出版社，1983 年)；Sun
Yan, *The Chinese Reassessment of Socialism, 1976-1992*
(Princeton: Princeton University Press, 1995)。

〔11〕牟安世《太平天國》(上海：上海人民出版社，1961 年) 提
供了新的解釋，對照羅爾綱寫的太平天國起義正史，如《太

平天國史稿》4 卷（北京：開明書局，1951 年）和《太平天
國史》（北京：中華書局，1968 年）。

〔12〕值得注意的是清朝在對《明史》的態度上很複雜，編撰工作
耗時 90 年才得以完成：黃眉雲等：《明史編撰考》（台北：
學生書局，1968 年）。

〔13〕Wang Gungwu（王賡武），"To Reform a Revolution"，86-
87。

〔14〕徐浩：《二十五史論綱》（香港：南星書局，1964 年）；魏
收：《魏書》（北京：中華書局，1974 年）；崔瑞德（Denis
Twitchett），*The Writing of Official History under the T'ang*
（Cambridge: Cambridge University Press, 1992）。

〔15〕范存忠、錢鍾書和陳受頤的論文涉及這問題的一個方面；
Adrian Hsia（ed.），*The Vision of China in the English
Literature of the Seventeenth and Eighteenth Centuries*
（Hong Kong: The Chinese University Press, 1998）。
Donald F. Lach, *Asia in the Making of Europe*（Chicago:
University of Chicago Press, 1965-1993）的多卷研究，以
豐富的材料解釋了耶穌會士對歐洲人後來的中國印象所產
生的影響。從黑格爾到馬克思，種下了"亞洲生產方式"觀
念的種子；Sidney Hook, *From Hegel to Marx: Studies
in the Intellectual Development of Karl Marx*（Ann Arbor:
University of Michigan Press, 1962）。

〔16〕如前所述，唐朝時期不得不重新書寫南北朝（公元 4 世紀至
6 世紀）長期分裂的複雜歷史，以便符合正統性和連續性的

要求。公元 10 世紀的五代時期更加複雜。第一部正史，薛居正寫的《舊五代史》（上海：商務印書館，1936 年）只確認五個北方朝代，把較小的王國當作各式各樣的篡權者。歐陽修重修了這段歷史，並注意到這些小的王國，但是他的《五代史記》（上海：商務印書館，1930 年）認定北方的五代的正統才具有合法性。

〔17〕 宋朝是一個很好的例子，說明了當中國的經濟、政治和哲學基礎在朝代中期發生深刻變化時的情形；Robert M. Hartwell（郝若貝），"Demographic, Political, and Social Transformations of China, 750-1550", *Harvard Journal of Asiatic Studies* 42.2（December 1982），365-442。

〔18〕 內藤湖南和陳寅恪都研究了唐朝和五代時期的社會變遷，其導致貴族血統的統治為新的文人階層的興起所取代；Tam Yue-him（譚汝謙），"In Search of the Oriental Past: The Life and Thought of Naito Konan, 1866-1934", Ph.D. diss., Princeton Universtiy, 1975；Joshua A. Fogel（傅佛國），*Politics and Sinology: The Case of Naito Konan (1866-1934)*（Cambridge, MA: Council on East Asian Studies, Harvard University, 1984）；汪榮祖：《史家陳寅恪傳》（台北：聯經出版實業公司，1984 年）；王永興：《陳寅恪先生史學述略稿》（北京：北京大學出版社，1998 年）。

〔19〕 對中國史學史最全面的考察，參見謝保成編：《中國史學史》3 卷（北京：商務印書館，2006 年）。幾位學者對近代史研究方法的批評性研究，參見宮明編：《中國近代史

研究述評選》（北京：中國人民大學出版社，1986 年）。
西方對將馬克思主義歷史學應用於近代中國研究的較早的
研究，參見 Albert Feuerwerker（費維愷）and S. Cheng,
Chinese Communist Studies of Modern Chinese History
(Cambridge, MA: East Asian Research Center, Harvard
University, 1961)；後來更為廣泛的研究和分析參見
Albert Feuerwerker (ed.), *History in Communist China*
(Cambridge, MA: M.I.T. Press, 1968)。

〔20〕下述內容我於 2011 年 3 月在悉尼 Lowy Institute 的演講中
講過；其中部分在我的 "How Will China's Mixed Heritage
Shape its Reform of Government?" 一文中發表，參見 *East
Asia Forum Quarterly* (April—June 2011),3.2, 34-35。

第五章　現代性、國家與文明

　　19世紀末以後，一些中國人開始想要變得現代，他們甚至造出新詞"摩登"來翻譯英文中的 modern，以示這一概念所包含的新意。現代化目標的引入源於西方列強成功地打開中國大門，在中國進行貿易並支配中國。從那以後，如何應對這些民族帝國所帶來的東西，成為整整三代領導人、教育家和知識分子所爭議的問題。這個問題既取決於中國人如何理解自己的文明，也取決於他們如何看待歐洲和日本的民族力量（national power）的根源。對於一個想要轉型為現代多民族國家的古老文明而言，後者是關鍵。他們期望這個國家既是文明又是現代的。

　　諸如"文明"、"帝國"和"民族"之類的詞語，無論怎樣界定，在整個中國歷史中都是國家制度的體現。最初的文明產生於祭奠和儀式的源頭，體現為一個小型的、集權化的政體；後來形成了更大的官僚結構，並最終建立起一個強大的帝國。這個國家包容了各式各樣的人物和文化，經過幾百年的衝突與融合，塑造出一種豐富而成熟的文明。這個國家一直在尋求如何發展這種文明，但是直到19、20世紀遭遇到西方民族帝國時，它都沒有轉向民族這個概念。

歷朝歷代對中國的管治，為一個多文化、多語言和多信仰的國家奠定了基礎。柳宗元評論中國的"封建非聖人意也，勢也"，在這裏是適用的。[1] 中國歷史各階段的變化並沒有甚麼是不可避免或預定的。千百年來，無論是中國內部的勢力，還是超出國家控制範圍的外部事件和影響，都對這一體系的演化發生了作用。中國文明不是非得演變成帝王國家，或者從帝王國家演變成一個多民族國家，這並不是歷史的進步或必經階段。每一個階段不過是對不斷變化的條件的特定反應，當然也都反映出中國為跟上時代變化而作出調整的適應能力。現在，全球現代性（global modernity）已經成為普遍而不可避免的趨勢，中國因此需要再次改變。他們面對着新的狀況、新的條件，其中，關於文明、帝國和民族的觀念也在被現代化。這是對黨國（Party-state）在 20 世紀首次出現時所處條件的回應，中國正在學習與這一變化過程共處，並在必要的時候徹底改造自己。在整個漫長的歷史過程中，這個國家的中央政府始終力求帶來文明；它認為自己是文明的中心，因而能夠向和它打交道的人展示怎樣變得文明。今天，這一挑戰比任何時候都更加嚴峻。

"文化大革命"結束和鄧小平時代開始時，尤其是 1984 年之後，黨國重新出現了毛澤東的影子。在成百上千的關於中國文化或文明的書籍和文章中，產生了一種關於新的文明意識的、很有意思的現象。"文明"和"文化"這兩個現代概念是通過日本人介紹到中國的，日本人分別用它們來翻譯西方的 civilization 和 culture。在 20 世紀 20 年代，這兩個詞語都在中國使用，目的是將中華文明的過去與未來連接起來。梁啟超、陳獨秀和胡適（1891—1962）的相關論述引發了一場爭論，而梁漱溟 1921 年寫的《東西文化及其哲學》，更是激起 20 世紀 20 至 30 年代五四運動一代人的激辯。[2] 毛澤東去世後，對文化問題的新興趣的不尋常爆發，幾乎是對他曾經准許的所有東西的大逆反。

　　柳詒徵（1880—1956）在 1923 年發表了關於中國文化的獨特性的經典論述，[3] 然而，他的大多數同時代人卻忽視其他文化，將討論局限於中國與歐洲的二分法，這決定了好幾代人所提的文化問題的視野和類型。中國領導人試圖通過借鑒西方新觀念和新制度來復興他們自己的傳統，但是五四運動中的激進派拒斥任何他們認為腐朽的、與中國已無關聯的封建價值。對他們來說，如果古代文明無法拯救中國，免遭現代西方侵略，那它就應該被徹底拋棄。

　　人們今天對“文化”和“文明”這兩個詞的濃厚興趣，是對毛澤東十年“文化大革命”的一種反動。那是一場以階級鬥爭為名摧毀傳統的運動，是強調以其自身的進步文明創造社會主義新紀元道路的頂點。而這解釋了為甚麼從 1949 年直到 20 世紀 80 年代初，幾乎沒有甚麼書籍和文章論及“中國文化”。當時，“文化”一詞在很大程度上僅被限定為考古學家研究的物質文化和地方民俗文化，以及少數民族的文化。雖然民族學家、文學家和藝術家們很活躍,但是歷史學家和哲學家都遠離任何與文化和知識分子歷史相關的領域。在此期間,台灣、香港地區和一些海外華人社團中發表了一些學術性的或通俗的著述,試圖保持傳統觀念和價值的活力,至少是提醒年輕的讀者,這些觀念仍然與現在相關。[4]

對於中國共產黨來説,社會主義國家不僅對中國的未來不可或缺,而且也是最先進文明的核心。中國是科學發展的先鋒,它代表着現代性的高度,黨的歷史學家重寫了將中國引向這一頂點的整個中國歷史。毛澤東走得更遠。他不僅反對中國的"封建"遺產,而且譴責他所認為的以布爾喬亞和無根基的世界大同主義為代表的西方文明。在支持社會主義理想的同時,所有與資本主義和帝國主義相關的價值都遭到嚴厲批判。到 20 世紀 60 年代,即使是從蘇聯引進的共產主義意識形態,也受到以反對修正主義和忠於共產主義理想為名的猛烈攻擊。

那時,毛澤東已經完全不受任何權威的約束。在接連拒斥了中國封建體制和文化、美國布爾喬亞以及蘇聯修正主義之後,毛澤東幾乎沒有給中國留下任何東西去建立自己的社會主義品牌。到他去世時,剩下的只是一種對待生活和工作的非常基本的工農兵態度。這在一定程度上是馬列主義修辭學所頌揚的,雖然毛澤東實際上試圖通過使用與中國歷史上農民起義的類比,來賦予它一種文化上的光彩。在那樣的語境中,使用諸如"文明"和"文化"之類的詞語,來描述歷史

上的帝制國家和文化精英所取得的成就是沒有意義的，由此
造成對這類概念的否定。

　　1984 年，隨着鄧小平所宣導的全面開放，人們對這兩個
概念的興趣迅速恢復。在經濟改革啟動後的短短幾年間，關
於中國文明的基本優勢及現代文明的塑造前景方面，出版了
大量著作，但是主要的分歧和矛盾也在那時開始出現。有些
人想要重新審視老祖宗留下的智慧；另一些人則想把注意力
集中在"社會主義精神文明"上。[5] 而更大的分歧來自這些
人與那些熱衷於引入西方所代表的現代性的人之間。1987
年後，熱烈的爭論受到壓制，但在 1989 年胡耀邦去世時再
次公開化。胡耀邦的去世激起了人們哀悼他的示威遊行，從
而引發了政治風波：行動先是抗議通貨膨脹和腐敗，繼而轉
變為籲求民主和政治改革。抗議也訴諸自由，以尋求文化價
值上的另一種現代性。之後，對現代性的探求仍在進行，但
這次是社會主義市場現代性與一系列傳統價值訴求之間的較
量。在後來的 20 年，出現了大量關於中國文明的歷史演進
的論述，2006 年北京大學出版社的四卷本《中國文明史》，
可以說達到了頂峯。[6]

　　不論是否屬共產主義者，受過教育的中國人現在都意識
到中國已經失去了它的文化之錨。整整一代人不得不重新開
始爭取自尊和民族認同感。鄧小平的對外開放如久旱甘霖，
目睹現代文明的嶄新變化令人振奮。除了過去曾經受到懷疑
的歐洲社會主義書籍，對外開放還帶來了一股新的科學技術

知識的暖流，還有人們並不熟悉的社會科學理論和概念，以及每一個文學和藝術領域中一大堆的實驗形式。每個人都很快意識到，不論他們喜歡與否，這些就是現代文明的體現。[7]因此，在過去 20 年，將有關中國文化的觀念置於全球譜系中的努力時有出現。

生活在中國大陸地區的人們看到香港和台灣地區，甚至部分東南亞國家的中國人，都已在不同的文化環境中建立了自己的價值體系。於是國內那些把他們對中國傳統的信仰掩藏起來的人重新浮出水面，他們要求有機會教育年輕人，尊重他們認為的傳統中的精華。還有很多人仍然相信他們可以比海外的中國人做得更好，因為他們深深扎根在中國的土壤中，他們所能復興和再造的東西更為純正。

中國共產黨對其早期不能為經濟發展提供穩定的條件非常敏感。像鄧小平和陳雲這樣的變革者相信，他們為之奮鬥的社會主義理想仍然有效，他們決心汲取過去的教訓，進行改革，建設一種能實現社會主義理想的現代文明。他們知道已經浪費了很多時間，中國的經濟必須快速發展以維持整個體系的生存。無論如何，回到過去的儒家傳統或者毛澤東的烏托邦主義是不可能的；他們也不會冒險自由地引進西方民主模式，因為那不適合中國；但是他們意識到必須滿足人們的願望和抱負，因為人們知道他們太長時間以來一直被置於貧窮和壓抑狀態。正是在這樣的壓力語境下，中國共產黨新的領導人發動了幾項運動，建設他們的"社會主義文明"，既吸取中國文化遺產中的某些部分，又吸收西方民族動員模式中的某些部分，還保留馬列主義原則中的某些部分。他們相信，如果能將這些部分長期結合起來，使之切實可行，就能為建設中國特色的現代文明提供基礎。

然而，這頂多只是一種模糊不清的願景。1989 年“天安門事件”以來，中國國內發表的無數著述，已經揭示出這一願景所存在的問題。即使人們了解這些著作和文章並不是在自由的條件下發表的，也能看到迫使中國共產黨改變的每一種力量所帶來的影響。他們提出的各式各樣的解決方案非常重要，因為它們代表了審查員所能允許的範圍，也表明了新一代知識分子如何能夠在受限範圍之內，於創造性思考的邊緣發揮作用。這表明黨的確想要中國成為一個可靠的現代化國家。境外也有一些人探索了更為廣泛的選擇，但那些被認為追隨西方模式的人遭到懷疑，他們的觀點不太容易得到國內的認同。

這裏無法盡述中國國內的作者們在文化復興主題上眾多的貢獻。對他們著述的摘要和批評正在湧現。[8] 許多人闡述了對現代文明越來越多的關注。總的來說，中國人更喜歡“文化”這個概念，因為這個詞語更加特定和具體，也意味着不同的文化都對文明發展作出了貢獻。受考古發現的支持，中國人容易接受這樣一種觀點，即一開始，文化在不同的民族羣體中興起，它們相互之間的融合不斷地豐富了中國古代文明。但是，他們也注意到這樣一個事實，即西方文明也是由多種文化塑造而成的，並且已經保持了 200 多年的優勢。中國領導人不相信西方價值天生就優越，這些價值之所以能保持主導地位，是因為西方取得了勝利，而且能掌握這麼多的財富、科學知識和權力。於是他們確信，如果擁有權力和財富，一種新的中國文明也能夠最終達到類似的高度。

中國的思想家們認識到，中國文明與王朝國家有着過於密切的聯繫。因此，當清代朝廷頹敗、儒家國家被推翻之後，這一文明的基礎就被摧毀了。一旦把文明與國家意識形態區分開來，中國人就可以自由地對待不同的文化觀念。為了鑄造一種新的文明，與世界其他地方的文明相互和諧，他們可以通過學習不同的文化進行嘗試，但是總有人持不同意見，有些人仍然相信，必須為這個國家尋找到另一種意識形態，一套統一的、最高的原則，既是進步的，又明顯是民族的。

那些相信古老的文明只屬於他們自己的中國人，沒有考慮到對人類狀況作為一個整體，進行理論化。他們把他們的文明視為長期孕育、思考和論爭的產物，這一過程也伴隨着與遊牧民族或其他入侵者的異質文化的鬥爭。那些用來表示對敵人及其野蠻行徑的優越性的語言逐漸演化，變成對被視為中國核心價值的東西的保護。就唐朝之後的大部分中國歷史而言，中國人都沒有在他們的農業社會的邊界之外作戰。他們的精力主要集中於發展關係，這在後來演化成一個用於管理與近鄰關係的防禦和貿易系統。這一系統借助的是精緻的朝貢儀式，建立在文化優越性的基礎上。[9] 至宋朝，新儒學的哲學家們確定他們可以用中國自己的資源使他們的價值更完美，這一系統得到了進一步鞏固。他們認為，中國古代的儒釋道經典中有足夠的智慧，取之不盡，用之不竭。由於相信他們自己的遺產就是優越的，中國人變得對別人提出的價值越來越不感興趣。

這種傲慢的、最終是自我毀滅式的態度，現在已經被拋棄。過去一個半世紀的經驗，已經讓中國領導人和知識分子遠離了這樣一種孤芳自賞，但是，中國是否需要發展一種獨特文明的問題仍然存在。如果說古代中國是一種歷史建構，那麼現代中國能否通過審慎地利用世界歷史所提供的精華而得到再造？中國本來就不是從一種單一文化開始的，因此，有可能去設想一種建立在新的文化啟迪資源基礎上的未來中國文明。我們可以通過回顧中國古代文明是如何發展的，來汲取建立一種新文明的教訓。

關於文明的討論方式已經變得很有啟發性。對儒家士人的成就充滿自豪的中國人，很久之後才意識到那一精英羣體已經僵化。他們的價值觀本應傳達農業社會的需要，但是一旦變成正統，儒學就不再尊敬創造性的觀念。很快，本來可以成為現代的東西退化了。由於執着於已被證明為成功的過去的準則，其擁護者便不太願意創新和嘗試，甚至也不太關注別的地方的發展。儒家學者固執於他們的價值，1644 年最後一個部落武士集團在打敗明朝建立清朝後也繼續支持這一正統。這為清朝的統治提供了合法性和連續性，使滿族的統治者贏得了人心，使中國人樂於接受他們的統治。於是，服務於國家的文人階層變得更加自信，認為他們就是中國文明至高無上的衛士。[10]

在清王朝最後的日子裏，態度上發生了轉變並最終導致 1911 年革命的爆發。最近出版的一些關於中國文明的著作，紀念了幾個著名的事件：維新運動、義和團運動、立憲運動（包括廢除科舉）、辛亥革命，特別是引發五四運動的 1919 年示威遊行。這些著作說明，1898 至 1919 年間關於中國文明的爭論，與後來發生的爭論之間存在着重大的區別。直到 20 世紀 20 年代，大多數中國知識分子仍然認為中國文明中有很多可資利用的資源。他們非常自信地認為儒家遺產切實可行並且富於靈活性。這一點在人們反覆引用張之洞的“中學為體，西學為用”上體現得最明顯，這句話就是對中國傳統的肯定。這樣一種自豪感反映在 20 世紀早期一些傑出學者的著作當中，這些學者中不僅有那些尊崇西方學術和觀念的人，如羅振玉、王國維（1877—1927）、柳詒徵、吳宓（1894—1978）和陳寅恪（1890—1969），[11] 也有那些獻身激進改革的人，如康有為和梁啟超。即使是那些意欲獻身於使中國擺脫清王朝統治並建立共和國的變革者，如孫中山和章炳麟，他們對中國文明和意識形態的信念都未被真正地質疑。

但是出生於 19、20 世紀之交的知識分子精英，尤其是從日本、歐洲和蘇聯接受了新思想、新方法的人，迫切地想要將新生活注入衰敗的國家體系中，讓中國重新獲得自尊。他們相信民族文化和強大的國家之間有着緊密的聯繫。在他們心目中，中國需要理想來激勵人們下定決心採取行動，彌補失去的時間。中國的知識基礎必須加以擴展，特別是在自然科學方面，這被視為西方優越性的秘訣之所在。日本知道這一點，並因此遙遙領先中國，這一事實得到特別突出的強調。

梁啟超主編《清議報》和《新民叢報》，內裏那些有影響力的文章，可與十年後陳獨秀《新青年》和魯迅雜文的激烈言論相比。早期的文章都以探討新概念的理性論證為特徵，提醒讀者去檢驗諸如民族、民主主義、市民之類的觀念，去思考這些觀念將如何要求中國人重新看待他們的政治遺產。梁啟超的文章是最好的例子。儘管他強調在尋求變化和進步的過程中有進行澄清和說服的必要，但他在每篇文章都顯示出對傳統的有效性和中國文明的根本可靠性的信念。[12]但是12年之後，《新青年》的語言中充滿了強烈的憤怒乃至歇斯底里，當然那主要不是陳獨秀和現代學者如魯迅、胡適等人寫的，而是一些青年作者所為。對五四運動期間的激進反傳統主義的研究表明，那時大部分的文章不僅批判傳統中明顯過時的方面，還挑戰中國文明本身的價值。[13]這樣，傳統價值和制度開始發生破裂，整個國家在政治上開始走向分裂。

對於新一代的領導人來說，挽救這個國家是建設一種新文明的必要前提。於是，在國家和社會的各個層面，都一致譴責罪惡的軍閥混戰、經濟崩潰和外國干涉。在與舊國家意識形態相關聯的所有事情上，人們都表現出徹底的幻滅。早期的偉大改革者，如康有為和梁啟超，因不支持革命而受到攻擊，其他的知識分子領袖也因與北京的軍閥政體聯合而名譽受損，即使是具有現代和科學思想的傑出領袖人物，如蔡元培、胡適和丁文江（1887—1936）發出呼籲，希望在吸收西方新鮮的科學觀念的同時，保護這個國家最好的文明成果，看上去也是徒勞無功。處於不斷增長的絕望感的事實核心是，精英們將中國文明看作一個失敗的正統觀念。如果帝王國家可以被消滅，那麼還能在甚麼基礎上保持其意識形態呢？於是，各個不同的羣體都開始接受外界的幫助，不僅從先進的西方國家和日本，還從新成立的蘇聯和國際共產主義運動中接受幫助。只要能結束分裂的亂局，為重新統一奠定基礎，他們甚麼都願意做。

事實上，通過現代學校和活躍的出版業，20世紀20至30年代的中國城市迅速地引入了一系列新觀念和新價值，包括婦女應該受到平等對待，而不僅僅作為孝女、節婦和慈母這樣前景光明的理念。然而在城市和較大的城鎮之外，卻幾乎沒有甚麼婦女獲益於這種觀念。[14] 即便在城市和城鎮，這一觀念也要退居其次，那裏人們最關切的是外國經濟掠奪的蹂躪以及民族統一的障礙。事實上，在整個20世紀餘下的時間中，國家無法重新統一，這事實給其他所有事務都投下了陰影。對一些人來說，民族統一是不能與中國文明中的其他部分分割開來的。但是，由於國家無力自衛，許多中國人失去了對傳統的信心，產生了自卑感。而且，中國社會和宗教組織的可悲狀況，也破壞了他們未來作為文明人的任何信念。

伴隨着苦悶，出現了廣泛的回應。許多人將他們的憤怒指向內部；另一些人則指責外面的敵人。有些人把注意力集中在爭取將中國從這種悲劇境地中解救出來；其他人則求助於靈魂救贖來解決導致這種無助境地的深刻根源；還有一些人，只是簡單地拋棄過去，尋求來自西方的新觀念帶來的解放；想要果斷行動的新一代學生們，則轉向了革命。

中國從帝王國家向一個多民族的黨國的轉型仍在進行。中國的政治文化深深地扎根於農業社會，而且只要這個國家的大部分人口仍然是農村裏的農民，那麼人們就會滿足於支持一種集權形式的政府。在革除了皇帝並建立起一個以市民為主體的共和國之後，精英們得以達成共識，在一個強大的、復興的、統一的國家中，人們的願望應該得到體現。

在尋求現代國家制度的過程，變革者們面臨兩個關鍵的抉擇。第一個是決定自上而下地改變，那樣精英們可以確立與偉大的中國歷史之間的連續性。第二個依賴諸如"國民"和"公民"這樣的概念，它們規定的是一種新的合法性，其基礎是更為廣泛的民眾參與，尤其是城市中心不斷增長的商人和工人，以及全國各地越來越多能言善辯的學生，人們不能再忍受被忽視。黨國的領導人，不論是 1928 至 1949 年的國民黨，還是 1949 年以後宣稱代表人民的共產黨，都想人們相信，像過去的皇帝一樣，黨是一切事物的最終權威。對於那些相信黨且只有黨才能挽救和重建中國的人，這仍是一個關鍵的前提。

中國的三個共和國，1912 至 1928 年的中華民國，1928 至 1949 年的中華民國，以及 1949 年以後的中華人民共和國（1978 年以前為毛澤東時代，1978 年以後為鄧小平時代），都提倡現代化。但是，如果國家仍然衰弱而分裂，現代性就毫無意義。人們越來越清楚地看到，為了建立新的可靠的權威結構，必須有一種建立在民族主義或共產主義基礎上的意識形態。於是，先是國民黨，然後是共產黨，他們都調用了這一手段來支持自己，他們都力圖通過一場變革來重新建設中國的現代化未來；他們也知道這種未來會挑戰中國文明的遺產。現代化的中國不可能是全面農業性的，他們都贊成通過工業化過程實現城市化，從而促使中國走上富強之路。不過許多領導人都認為，人們所嚮往的現代性不應遠離中國政治文化的深層根基。這種政治文化是從伴隨第一個帝國的建立而出現的現代性中生長出來的，這是一種在過去 2000 年歷史中不時再生（revitalized）和再現（re-modernized）的現代性。由於這樣一種政治文化始終依賴於國家保衛中國人民及其文化的能力，任何新的關於現代性的觀念，都要以這樣一種能力的更新為基礎。為中國人民提供一種現代文明，可能是衡量中國領導人成功的最重要標準。然而，過去的中國從來沒有面對過這樣一個問題，即到底誰才是"中國人民"，他們又將如何分享這個國家努力要獲得的現代性。

於是，1912年之後，問題就變成需要確認生活在這個國家中的人們，誰是中國的國民。當共和國建立起來時，關於誰是中國人，誰不是中國人，產生了許多的問題。北京政府（1912—1927）和南京政府（1928—1949）都立場堅定，雖然兩者都未能控制中國領土的大部分。1949年之後，中華人民共和國擁有了更穩固的地位，它的勢力範圍達到邊界範圍內的所有人。政權也意識到，亞洲其他的後殖民國家同樣擁有多語言、多文化和多信仰的人口，它們同樣處在建立民族國家的過程。

中國至少在三個方面與其他這些國家區別開來。第一，清朝時期的中國是一個前現代帝國，並不想給其從屬者以自治權和獨立的機會。現代性在這裏的挑戰是民族的概念。第二，漢族和某些少數民族羣體的文化差別非常大，人們不能接受主導民族使用同化的方式消滅少數民族文化。在20世紀，中國的文化已經不再被視為是尊貴的，因此挑戰就變成中國文明如何現代化才能吸引非漢族的人民。第三個方面源自中國台灣地區。台灣在美國保護下由集權政體轉變為民主政體。由於這一點，那裏的人民有些不希望納入中國版圖，因為大陸政權拒斥從西方社會發展起來的民主體系。這裏的挑戰在於要創造一種參與的政治，一種最終能塑造這個民族國家本質的力量。

　　關於民族在中國語境中的含義的討論，已經持續了一個多世紀。最初，“民族”一詞不可避免地讓人想到漢族。而只要這種想像持續下去，非漢族的少數民族就不是中國人。令人驚訝的是，這個詞的含義已經變得非常難以說明，以致學者和政客們還在試圖限定它的含義。[15]在許多人都假設中國人的民族就是指漢族之後，一些重要的活動家如梁啟超和孫中山建議“民族”一詞所指為中華民族（“中華”完全地包括居住在中國境內的所有人）。但是，其他受過現代學科 —— 如人類學、社會學和政治學 —— 訓練的人，尤其是那些曾經留學歐美的人，認識到民族概念的含義，取決於是從政治意義上還是學術意義上使用它。[16]的確，有許多細小的少數民族，幾百年來一直與漢族人密切生活在一起，他們願意說擁有共同的歷史；他們學習的是相同的書寫文字，也擁有相似的信念和實踐體系。但是，生活在更廣闊邊疆地區的少數民族，特別是藏族、維吾爾族和蒙古族人卻不這麼想。

　　1949 年之後的中華人民共和國認識到這一點，於是採用蘇聯模式，確認了 56 個“民族”。[17]今天中國對於可能構成對中國主權嚴重挑戰的話題都非常敏感，要進行審查。但是現代國家必須是一個為着全部中國人的國家，必須讓任何形式的大漢族沙文主義銷聲匿跡。中國共產黨已經頒佈法令指出，中華民族是由不同民族或不同文化羣體的公民構成的，將來的中國也不會只是一個大漢民族。官方政策通常重申，中國不存在種族歧視或民族歧視，但是有一些愛國主義或民族主義運動，仍然表現出強烈的主要是漢人的傾向。當然，那並不是所有領導人都持有的態度。

其中一個問題叢生的領域，源於中國共產黨對宗教信仰的政策。雖然中國共產黨承認現有的一些主要宗教，也放鬆了對它們傳播的政策，但還是堅持認為宗教是迷信和"人民的鴉片"，並將問題政治化，不允許積極參與宗教活動的人入黨。這樣宗教就被當作一種競爭性的信仰，這意味着黨所擁護的唯物主義本身是唯一"科學的"信仰，其他非科學的信仰是不被允許的。漢族人已經習慣了這種區別對待的方式，但對於其他少數民族來説，宗教對他們的生活而言更為核心。中國共產黨確實一直以來允許他們在實際中保持例外，然而採取的是一種屈尊俯就的方式，因為他們在文化上較低等，所以才允許他們保持他們的信仰。結果，這又增加了一層歧視，並不利於不同"民族性"之間的相互尊重。[18]

當然，還有其他的憂慮存在。中國顯然正在經歷一個前所未有的變化時代。在對發展和財富的狂熱追求之下，大多數人對官方權力和革命英雄主義的高調已經心生厭倦，渴望有穩定的秩序和預期。過去 30 年表明，他們也期望北京政府可以更為正義。這在革命鬥爭時期是不可能的，但現在人們對一個正義制度的期待已經增加，人們期望它能確保更高水準的公平。到目前為止，所有的證據都表明，儘管接受法律培訓的官員數量不斷增長，中國共產黨的權力結構卻迴避了現代性。只要黨的幹部還壟斷着各種權力，就很少有中國人會相信法庭是正義的。在這種狀況下，有跡象表明，人們仍然保留了傳統的態度，例如重新回到對清官的期待和對不同級別的關係的仰仗。顯然，如果這種情況持續下去，人們就不會尊重由社會主義法律體系建立起來的現代法庭。[19]

中國無疑想要建設一個獨特的現代國家。當今這一代的中國人已經認識到，為了發展新的社會價值，人們需要有一種共用的文明；對於公共責任，人們也需要有一種全新的通識。黨的一些領導幹部正在重讀馬克思主義經典，以便理解人民主權、平等和自由的觀點，因為這些觀點可以成為黨國更深刻合法性的基礎。這表明，對於現代中國文明的新的態度正在形成。這種變化的一個重要表現就是不再視文明為鐵板一塊，人們認識到文明有眾多的組成部分、層面和板塊。例如，政治文化只是民族文化的一個方面。都市文化，不論是精英的還是勞工階層的，都比農業文化更為現代。現代工業文化要求人們保持對環境破壞的警覺。專業文化和企業家文化正在以新的、始料未及的方式發展。而且，很明顯，由於國家越來越對外開放，對年輕人富有吸引力的大眾文化正如火如荼。與過去不同的是，這些文化不可能受一個單一的正統政治文化的控制。

即使是政治文化本身也在發生着變化。有證據表明，參與的觀念正在深入人心並更深地滲透到社會。這種新的文化反對儒家或任何其他正統價值在國家事務中的傳統地位。在毛澤東發動的幾次運動中，破壞性的參與實際上得到了從上到下的鼓勵。從"大躍進"、"百花運動"、到"反右派"鬥爭，最後到"文化大革命"，每個人都被發動起來"造反"。現在，沒有人會希望這些造成極端動盪的行徑成為中國遺產的一部分。1978 年以來，對於自上而下發動的、對國家造成巨大破壞的、明顯錯誤的政治參與，人們已經產生了深刻的不信任。[20]但是，要判斷黨和國家機器控制之外的新社會力量，是否會被允許落地生根，以及有朝一日，他們能否為中國的未來提供另一種圖景，這還為時過早。

　　在有參與的地方，就有一種對管理文化的新的強調。這裏，可以把黨的幹部的文化與傳統官僚的文化進行比較。傳統的官僚們知道如果他們不能好好治理，如果他們貪污腐敗，就會有人起來造反，而那樣的造反只有報復性地使用極大的軍事力量才能平息。今天，這並不是中國人想要的。為了避免反抗和報復，中國的管理階層成員，不論是不是共產黨員，都知道中國必須學習，如何在一個空前開放的世界中保持開放。在我們現在多元和全球化的世界中，年輕的中國人可以接觸到許多現代文化的資源。他們已經脫離了以農業為基礎的觀念體系，回應的是工業社會中普遍存在的、生機勃勃的大眾文化。由於商業和專業階層的出現，一種以城市為中心的大都市文化也正在興起。政府精英現在認識到他們必須應對這些變化，當然同時也允許其跟隨新的概念和科技而發展演化。

但是，也有一些重新檢視中國歷史的動向。隨着 20 世紀 80 年代以來對中國復甦的民族自豪感的高漲，人們對古代傳統的興趣也得以復興。這表現在新的博物館、教科書和雜誌中，表現在文化演出、歷史電影和電視節目中，也表現在各式各樣的旅遊項目中，還受到了很多哲學家、藝術家和文學家以及歷史學家的支持。同時，探尋文明根源的努力，越來越多地與對青年人的道德和理想號召聯繫在一起。[21] 所有這些新的現象，引起人們對更深刻的精神需求的關注，而那需要宗教政策的變化以及官方對世俗界限的認定。隨着這些趨勢的增長，精神渴望可能會對正統的意識形態形成挑戰，而那是黨的某些部門所要保護的。中國共產黨仍然堅持 1986 年關於"社會主義精神文明"建設的決議。雖然大部分中國人以另外的方式理解文明，但是黨在國家角色上的立場似乎仍然遵循着對國家意識形態的傳統用法。

那麼，這種"社會主義精神文明"含義為何？ 1949 年的中國共產黨並沒有將人們從正統觀念中解放出來，而是代之以另外一種正統。以階級為基礎的"文明"概念，建立在無產階級（更準確地說，以農民為領導）專政基礎之上，它沒有給中國人民帶來新的國家公民的概念，而是代表了一種帝國慣例的回歸，和一種替代性的國家意識形態的建立。跟過去所有朝代一樣，通過軍事力量建立起來的這個政權，使用了一種道德的和理想主義的修辭，來為使用暴力和消滅國內外敵人的行為進行辯護。

像過去一樣，它訴諸由幹部構成的官僚系統來約束軍隊。但是 20 世紀 50 至 60 年代的新政治框架，要求領導者建立一種全能主義的社會主義文明，一種世俗主義的、唯物主義的社會主義文明。[22] 大部分中國人對此沒有甚麼異議，因為社會主義文明宣稱是以科學社會主義為基礎的。而中國精英也同樣沒有提出任何真正的反對意見，他們接受了現代文明中科學的至高無上地位和關於更公平的財富分配的道德原則。但是，在 20 世紀 50 年代中期以後的幾十年時間中，實際上支配官方行動的，通常是來自過度熱情保護黨的利益。致力於"精神淨化"的努力，在今天已是不可想像，至少兩代中國知識分子和學者所受到的摧殘是不可估量的。[23] 對階級敵人的野蠻鬥爭，同樣令人恐懼，而且，這反過來恰恰與中國人作為文明人的形象，形成了鮮明的對比。

1978 年以後，鄧小平鼓勵他的支持者們，清算這一不良形象。[24] 他號召中國人更加實事求是，將注意力集中在人民生活水準的提高上，他想由此重建一個新的文明的民族。他認為人們必須拋棄口號和浪漫的烏托邦幻想，轉向運用理性和實用主義。他不僅運用原有的經驗，而且引入新的觀念和在過去不可思議的思維方式。在 20 世紀 80 年代以後，所有關於中華民族應該發展甚麼樣的文明類型的討論中，他的這種混合的方式都留下了印記。這當中包含一種新的擔憂，即大多數中國人過度物質主義，缺乏理想，他們因體制內腐敗蔓延而不再抱有幻想。

有三種力量深刻地影響了現代中國思想。第一種是運用傳統"國粹"來建設未來的強烈願望。第二種是保持開放，從自由和多元的外部世界的新觀念中進行選擇。第三種是中國共產黨自己所喜歡的觀點，即將古往今來的所有價值和觀點都置於"中國特色"社會主義的框架之中。

對於"國粹"和以西方現代性界定的自由主義，中國共產黨持保留態度，但是有跡象表明，對於甚麼可以算作中國特色，黨也在擴展其選項。他們看到，即使人們正處在現代化過程，國家控制之外的那些傳統價值，不管是儒家的、道家的、佛教的，還是源於伊斯蘭教和基督教的價值，仍然可以繼續支配人們的生活。傳統與現代之間沒有必要對立。有一些黨的領導人也認識到，狹隘的正統教條且僵化，實際上可能是一個比某種程度的多元主義更大的威脅。包羅萬象的社會主義文明應該為創造性的思維習慣留下空間，以推動國家所需要的創新。

樂觀的圖景強調的是，一種從過去的錯誤中吸取教訓的新能力。這種能力可能是不成熟的，但是鄧小平改革以來出版的一些著述令人鼓舞，它們代表着理性聲音的崛起，儘管黨的宣傳仍然表現出教條的視野，司法機構常常得靠邊站，安全機關仍然神秘而令人敬畏。[25] 不過，總的來說，教條的恫嚇在公眾討論中已經大為減少。例如對於儒家經典的援引，大多是經過精心挑選的，也可以公開地討論，過去那種嚴重的歪曲已經不再出現。對歐洲、日本和美國的自由主義思想家觀點的引用，也具備了對其原來所在語境的更深入的理解。同樣令人鼓舞的是，人們也承認了卡爾・馬克思早期著作，以及除蘇聯以外的其他社會主義思想家的著述中所包含的多元性。

當然，也還存在着一些不確定的領域。爭論中有兩個問題表明新創舉的生命力還有待檢驗。首先，在中國各階層和各族羣中還沒有就核心價值達成一致。今天，中國人民，除了受到 20 世紀革命傳統的塑造之外，還受到舊風俗習慣殘餘的吸引，並以各種形式與現代多元文化混合在一起。中國社會中的多樣性和豐富性，使得人們很難確定應該恢復甚麼樣的傳統。例如，民族主義的煽動正在抬頭，會挑起關於抗日戰爭的情緒爆發；但另一方面，也有關於中國應該培育甚麼樣的民族主義的謹慎辨析。[26]

其次，中國共產黨已經提出關於民族文化的觀點，為可能最終成為國家意識形態的方案提供了一個框架。現代中國人仍未確定，一個現代國家是否需要這樣一個框架，但無論如何，許多受到良好教育和善於表達的中國人，已經花了幾十年時間，努力使自己從正統觀念中解放出來。如果他們在創造中國新文明的過程中有發言權的話，他們不太可能想要一種與黨國的獨特需要密切聯繫的文明。他們了解以國家為基礎的文明的局限，他們力圖為中國未來的文明，尋求新的原則，以滿足擁有多元文化的中華民族的需要。

目前，中國的受教育階層需要在黨國框架中建設新文明。人們認為"黨天下"或"黨國"的觀念確實是革命時期所必須的，也比支持帝王國家的"家天下"概念更為現代。但考慮到對傳統"以民為本"觀念的重新強調，可能更根本的是，像中國這樣一個龐大而複雜的國家，應該朝着公民國家的方向保持開放，用"民天下"來取代現在的"黨天下"。然而，現在中國人還需要相信國家就是黨，黨就是國家，要愛國就要忠誠於黨。

這種立場無疑包含着矛盾。中國共產黨有 8000 萬黨員，代表着超過 5% 的人口數。[27] 人們都清楚黨員吸收中的弱點，黨並不能保證那些被吸收進來的人是合格的。雖然現在國家鼓勵受過良好教育的人入黨，不過許多人為保持他們思想和道德上的獨立，已經不再選擇成為共產黨員。也難以論證人口中的這 5% 能夠代表中國未來的民族文明。中國人民希望代表現代文明的是更為廣泛的有識之士，是那些有才能、有創造性和勇於嘗試的人。鄧小平的一些成功的改革，無疑讓不同階層和背景的人們，有了充分發揮才能的機會。如果這樣的情況能夠繼續下去，中國未來的新一代領導人將看到，新的中華文明不再取決於中國是黨國還是變成民族國家，一個更寬廣、更包容的中國需要更上一層樓，建立一種全體中國人都能認同的、現代的、和令人稱羨的文明。那可能是，也可能不是，黨想要今天的中國所擁有的"中國特色社會主義文明"。但是，如果回顧歷史，看這麼多個世紀以來，中國人無數次為提升他們的傳統所成就的事業，我們就會希望，他們能夠創造性地回應，全球範圍內正在發生的深刻變化，再度重新鍛造他們的文明。

注釋：

〔1〕　唐朝詩人柳宗元在他的《封建論》一文中得出睿智的結論"封建非聖人意也，勢也"。

〔2〕　梁漱溟：《東西文化及其哲學》，陳政、羅常培編（上海：商務印書館，1930 年）；H. Sophia Zen（陳衡哲），*Symposium on Chinese Culture*（Shanghai: China Institute of Pacific Relations, 1931; reprint New York: Paragon Book Reprint, 1969）。人們現在對文化討論的興趣非常之濃厚，即使已經 80 年過去了，人們仍將這本書翻譯出版，見《中國文化論集》（福州：福建教育出版社，2009 年）。

〔3〕　柳詒徵：《中國文化史》（南京：中山書局，1932 年初版）。到 1947 至 1948 年，我在國立中央大學時，它仍然是我們的教材。後來在香港和台灣多次重印。現在中國大陸，它也已成為經典。

〔4〕　對文化史復興有重大影響的學者，在香港和台灣分別是錢穆和唐君毅；余英時：《一生為故國招魂》，見《錢穆與現

代中國學術》（桂林：廣西師範大學出版社，2006 年），
16 至 25 頁。最近也有許多關於新新儒家（the new Neo-
Confucians）的論述。關於這些新新儒家所做的事，一個有
趣的觀點來自 Thomas A. Metzger（墨子刻），*Escape from
Predicament: Neo-Confucianism and China's Evolving
Political Culture*（New York: Columbia University Press,
1977）。

〔5〕 在 20 世紀 80 年代早期，人們引用官方“社會主義精神文
明”的論述來批評任何形式的文化復興，而這樣的論述並沒
能打壓人們對於回歸經典的意願。然而到世紀之交，這類用
語已經很難見到。相反，關於中國文明 —— 不管是現代還
是前現代的 —— 的書籍，在 21 世紀頭十年裏大量增加。參
見邵漢明、陳一虹、宋立民編：《中國文化研究二十年》（北
京：人民出版社，2003 年）；邵漢明編：《中國文化研究 30
年》3 卷（北京：人民出版社，2009 年）；以及“中華文化
復興運動推行委員會”和“中央圖書館”編《中國文化研究論
文目錄（1946 — 1977）》（台北：台灣商務印書館，1982 年）。

〔6〕 袁行霈、嚴文明、張傳璽、樓宇烈編：《中華文明史》4 卷（北
京：北京大學出版社，2006 年）。

〔7〕 那些引起海外注意的代表性人物，參見 Gloria Davies（黃
樂嫣）（ed.），*Voicing Concerns: Contemporary Chinese
Critical Inquiry*（Lanham, MD: Rowman & Littlefield,
2001）。除了中國大陸出版的大量雜誌如《讀書》，大部分的
雜誌如《二十一世紀》由香港中文大學出版，其中反映了過

去四分之一世紀討論過的一系列外部觀點。

〔8〕　羅榮渠編:《從 "西化" 到現代化:五四以來有關中國的文化趨向和發展道路論爭文選》(3 卷)(合肥:黃山書社,2008 年)。在文學作品和社會媒體中可以找到一些最富有創造性的 —— 若不是最激進的 —— 意見。更主流和更充實一些的,但並不專門針對文化問題的觀點,參見 Wang Hui (汪 暉), *The Gradual Revolution: China's Economic Reform Movement* (New Brunswick, NJ: Thansaction, 1994);Wang Hui, *China's New Order: Society, Politics, and Economy in Transition* (Cambridge, MA: Harvard University Press, 2003);Yan Xuetong, *Ancient Chinese Thought, Modern Chinese Power*, ed. Daniel A. Bell and Sun Zhe tr. Edmund Ryden (Princeton: Princeton University Press, 2011)。

〔9〕　值得注意的是北宋、南宋和明代的漢人王朝;Wang Gungwu (王賡武), "The Rhetoric of a Lesser Empire: Early Sung Relations with its Neighbors", in Morris Rossabi (ed.), *China Among Equals: The Middle Kingdom and its Neighbors, 10th-14th Centuries* (Berkeley: University of California Press, 1983), 47-65。在明代,在帝國統治的 1435 至 1644 年間這一點是清楚的;Denis Twitchett (崔瑞德) and Frederick W. Mote (牟復禮) (eds.), *The Cambridge History of China*, Volume 8: The Ming Dynasty, 1368-1644, Part 2 (Cambridge: Cambridge University

Press, 1988), essays by Morris Rossabi and Wang Gungwu, 221-271, 301-332。

〔10〕 Evelyn Rawski(羅友枝), "Presidential Address:Reenvisioning the Qing: The Significance of the Qing Period in Chinese History", *Journal of Asian Studies*, 54.4（November 1996), 829-852；Ho Ping-ti（何炳棣）, "In Defense of Sinicization: A Rebuttal of Evelyn Rawski's 'Reenvisioning the Qing'", *Journal of Asian Studies*, 57.1,（February 1998), 123-155；R. Keith Schoppa（蕭邦齊）‧*Revolution and Its Past: Identities and Change in Modern Chinese History*(Upper Saddle River, NJ: Prentice Hall, 2011)。

〔11〕最近對王國維和羅振玉的學術貢獻的評論，參見張連科：《王國維與羅振玉》(天津：天津人民出版社，2002年)。對著名學者吳宓和陳寅恪的評論，參見吳學昭：《吳宓與陳寅恪》(北京：清華大學出版社，1992年)。在毛時代，柳詒徵長期被忽視，但現在受到了重視，參見范紅霞：《柳詒徵文化思想研究》(北京：人民出版社，2010年)。

〔12〕梁啟超：《中國史敍論》，見《清議報》第90、91期(1901年)，《新史學》,《新民叢報》第1期(1902年)。

〔13〕Chow Tse-Tsung（周策縱）, *The May Fourth Movement: Intellectual Revolution in Modern China*(Cambridge, MA: Harvard University Press, 1960)；周德偉：《自由哲學與中國聖學》(北京：中國社會科學出版社，2004年)；Vera Schwarzz（舒衡哲）, *The Chinese Enlightenment:*

Intellectuals and the Legacy of the May Fourth Movement of 1919（Berkeley: University of California Press, 1986）；Lin Yu-sheng（林毓生），*The Crisis of Chinese Consciousness:Radical Antitraditionalism in the May Fourth Era*（Madison: University of Wisconsin Press, 1979）。

〔14〕了不起的是，第一本關於婦女地位的雜誌《婦女雜誌》（上海：婦女雜誌社，1915 年）在五四運動之前就出版發行了。19 世紀之後的婦女地位有起有落，參見李又甯、張玉法編：《近代中國女權運動史料，1842—1911》2 卷（台北：龍文出版社，1995 年）；中華全國婦女聯合會婦女運動歷史研究室編：《中國婦女運動歷史資料：1927—1937》（北京：中國婦女出版社，1991 年）。

〔15〕馬戎：《中國民族關係》（北京：中國藏學出版社，2008 年）。《民族社會學研究通訊》（北京：北京大學和社會學學會，2010—2011 年）最近幾期發表了大量的論文。

〔16〕王銘銘：《民族、文明與新世界：20 世紀前期的中國敍述》（北京：世界圖書出版公司，2010 年）一書對 20 世紀關於民族問題的主要著述作出了令人欽佩的考察和批評。

〔17〕費孝通：《費孝通民族研究文集》（北京：民族出版社，1988年）；《中華民族研究新探索》（北京：中國社會科學出版社，1991 年）。

〔18〕任傑：《中國共產黨的宗教政策》（北京：人民出版社，2007 年）；Vincent Goossaert and David A. Palmer, *The*

144

Religious Question in Modern China（Chicago: University of Chicago Press, 2011）；Wang Gungwu（王賡武），"Secular China"（Giri Deshingkar Memorial Lecture），*China Report*（July-September 2003），39.3, 305‑321。

〔19〕例如，胡錦濤 2011 年 7 月 1 日紀念中國共產黨成立 90 周年的講話。其中依照慣例包含了對社會和諧和社會責任的呼喚，很好地繼承了傳統的帝國詔書和行政紀念儀式的方式。《在慶祝中國共產黨成立 90 周年大會上的講話》，參見新華網，2011 年 11 月 20 日，http://news.xinhuanet.com/politics/2011-07/01/c_121612030.htm。

〔20〕楊雄：《中國青年發展演變研究》；陳小雅編：《沉重的回首》（香港：開放雜誌社，2004 年）；Richard Madsen, *China and the American Dream: A Moral Inquiry*（Berkeley: University of California Press, 1995）。

〔21〕陳映芳：《"青年"與中國的社會變遷》（北京：社會科學文獻出版社，2007 年）；Daniel A. Bell, *China's New Confucianism: Politics and Everyday Life in a Changing Society*（Princeton: Princeton University Press, 2008）。

〔22〕20 世紀 80 年代在這一主題上的宣言，參見中共中央宣傳部編：《鄧小平論社會主義精神文明建設》（北京：學習出版社，1996 年）；中共中央文獻研究室編：《社會主義精神文明建設文獻選編》（北京：中央文獻出版社，1996 年）。我並不確定薄熙來 2010 年和 2011 年在重慶的"改革"是否稱得上是"社會主義精神文明"。

〔23〕Theodore H. E. Chen，*Thought Reform of the Chinese Intellectuals*（Westport, CT: Hyperion, 1981）；Robert Jay Lifton, *Thought Reform and the Psychology of Totalism: A Study of "Brainwashing" in China*（New York: Norton, 1961）；Roderick MacFarquhar（馬若德）（ed.）, *The Hundred Flowers*（London: Stevens, 1960）。

〔24〕Ezra Vogel(傅高義), *Deng Xiaoping and the Transformation of China*(Cambridge, MA: Belknap Press of Harvard University Press, 2011)；Merle Goldman, *Sowing the Seeds of Democracy in China: Political Reform in the Deng Xiaoping Era*(Cambridge, MA: Harvard University Press, 1994)。對鄧小平時期與毛澤東時代的國家建設的敏銳比較，參見 Shiping Zheng，*Party vs. State in Post-1949 China: The Institutional Dilemma*(Cambridge: Cambridge University Press, 1997)。

〔25〕權威的評論來自中共中央政治局常委、全國人大常委會委員長吳邦國 2011 年 1 月 24 日在關於中國特色社會主義法律體系的形成的研討會上所作的報告《形成中國特色社會主義法律體系的重大意義和基本經驗》，載《求是》，2011 年第 3 期，第 3 至 10 頁。文章結尾提到法律的貫徹執行問題並提出 "任何個人或組織都不能凌駕於憲法和法律之上"。

〔26〕鄭永年：《在壓力下重建中國民族主義》，載《聯合早報》（新加坡），2008 年 4 月 22 日。愛國主義教育的系統發展參見中國愛國主義教育網，2011 年 11 月 22 日引用，http://

www.china-efe.org。不過社會媒介更為強烈，特別是在回應來自日本、美國等的蔑視和批評的時候。

〔27〕根據今日中國網，2011 年 11 月 20 日引用，http://www.chinatoday.com/org/cpc/，截至 2010 年 12 月，中國共產黨共有 8027 萬黨員。

附錄　天下 —— 境外看中華

　　幾個世紀以來，外界眼中的中國與身處其中的中國人眼中的中國迥然不同。對中國人而言，作為中國早期歷史的天下賦予夏（約前 2070—前 1600）、商（前 1600—前 1046）、周（前 1046—前 256）三代神聖地位。接下來是統一的帝國秦和漢。那時，一大羣"原初國家"（proto-states）被文化意義上的諸夏統治着，但是並沒有一個叫做"中華"的民族（nation），它是直到近世才出現的。關於一個國家是由一個民族組成的觀念，直到 18 世紀才在歐洲出現。

　　在這一宏觀語境中，上一個千年所經歷的宋、元、明、清朝代，看起來就是一些封建帝國，沒有任何朝着單一的、明確的民族演變的跡象。南宋時期的漢人，在抵抗女真和蒙古人統治的過程中形成了強烈的民族身份認同，明朝的開國皇帝也恢復了漢唐的制度和傳統，強調與古人的線性連續性。他的成功再次確證了歷史對塑造一種獨特文明的作用，而這種文明正是朝代國家的基礎。這說明歷史上的中國是一個獨特的文明國家（civilization-state），無論如何，不會追隨源於歐洲王國的民族國家路徑。

中國修辭意義上的連續性，一定程度上來自"天下"的概念，這是一種普遍性視野，與"帝國"—— 以羅馬帝國為例 —— 的概念不同。近些年來，"帝國"一詞常被用來指涉帝國性的強權，如美國。如今人們在推測新崛起的中國時，也使用這個詞語。在美國的各種討論中，混雜在一起的成功和焦慮更是特別有趣。摧毀蘇聯這樣的老的陸上帝國，帶來的是成功；但是，中國崛起為超級大國或擁有帝國地位，已是可預見的事，這又造成了焦慮；不過與此相悖的是，中國正努力想要甩掉它的帝國遺產。

後一種努力很值得注意。在中國，對天下和帝國觀念的興趣再度復甦。人們關注這些名詞在過去如何被使用，將來又將如何被使用。這些研究讓我想起早先的一些對中國的看法，它們來自一些雖在中國本土之外出生卻深深捲入中國事務的中國人。在那些出生於 19 世紀後半葉並留下著述的人當中，他們觀點上的轉變值得重視。這些觀點代表了在民族的概念剛被介紹到中國時，人們對於作為天下和帝國的中國的認識。

在不同的時期、不同的地方，存在過不同類型的帝國，經歷過興衰起伏的反覆。樂觀的觀點認為，區域性的帝國行將滅亡。但是，如果認為小的民族已經不那麼容易受到大的民族國家的帝國野心的傷害，或者大的民族國家已經不想擴張領土，那是幼稚的。在中國的實力不斷增強的條件下，研究帝國以及中國古代的天下概念可以揭示強大的國家將要面臨的選擇。

帝國代表征服、統治和控制，雖然不同帝國實際上的控制程度各不相同。與此相對，天下揭示出的是一個教化領域，它被儒家思想家和官僚提升為一種普遍價值，作為區分文明與野蠻的標準。我們很難把天下的概念和中國的帝國觀點區分開來，因為天下還被用來描述秦漢帝國的基礎。天下，就其本身而言是一個抽象概念，一個在文明世界中指引人們行為的超道德權威的概念。這個概念可以不那麼嚴格地被應用到其他的普遍觀念體系，乃至那些源自世俗哲學或各種宗教 —— 如佛教、基督教和伊斯蘭教 —— 的概念體系。在世俗世界中，天下可以指公認的權威，它已經合法化，可以核對總和調和國家暴力以及政治和軍事統治。在被應用到宗教上時，它強調的是信仰行為背後的道德價值觀。

帝國是個現代漢語詞語，來自日語的"帝國"（teikoku），在清朝末期引入中國，在清朝滅亡之後主要用來抨擊帝國主義。新中國成立後，除了通常對美帝國主義的警告之外，它被扔進了歷史教科書。至於"天下"一詞以及其他與超級文明和文化相關的詞語，都被視為是保守而不合時宜的，遭到廢棄，因為它們都跟失敗的儒家國家有密切關聯。

然而，20 世紀 80 年代之後，天下的概念有了兩個重大的發展。大批新書和論文的發表，重新點燃了人們對中國文化和文明的熱情。這場對文明的關注背後也包含人們對天下的興趣，基於一種對新的愛國主義的籲求。在喚起民族主義熱情的努力中，就可以看到這樣一種愛國主義。有一些籲求與要求收復台灣聯繫在一起，儘管他們實際上是在籲求現代的民族主權觀念。然而，事實更加複雜。蘇聯解體後，中國學術界分成了兩派。一些人更新了他們對馬克思主義關於帝國的資本主義根源的興趣，認為帝國被偽裝成了全球化；一些人反對對民族國家的狹隘定義，希望中國的多民族共和能夠重新發現天下概念所包含的普遍價值的理想。

人們越來越多地談到帝國，尤其是在 2001 年"九一一"恐怖襲擊之後。帝國概念和普遍性概念的並置也越來越明顯。美國人不喜歡自己的國家被稱為甚麼帝國，他們更傾向於探討應使用何種"軟實力"來消除這樣一種帝國形象。對中國而言，談論"和平崛起"意味着將來一個富強的中國可能會提供一種類似現代版的天下的東西，而不用把這與古代的中國帝國聯繫起來。相反，中國可以被視為一個多民族的大國，認可以當今國際體系中的平等和主權原則為基礎的現代天下的框架。

在這樣的語境中，中國的天下理想先於任何帝國概念。天下強調的是得到天佑的權威，但是這也讓人們意識到如果沒有權力，權威就是無效的。於是中央集權帝國得到了鞏固，並使用儒家的治國思想來軟化帝國的強勢形象，最終形成了一種披着天下外衣的帝國統治模式。這一模式在歷史上被佛教王權觀念的引入、長期的分裂以及多次的外族入侵所反覆修改。多個世紀以來，並不存在單一的中華帝國，只有經宋朝新儒家提煉的中國修辭。後來，蒙古人的世界大帝國給明朝留下了它的印記，滿族人在清朝統治期間又以他們獨特的方式強化了帝國系統。

傳統中國人強調歷史是不可斷裂的和持續的，現代中國人也認定這對他們的安全而言至關重要，因而他們以最後一個帝國的邊界來確定新成立的共和國。這樣，中國文明的形象就成為將居住在中國境內的所有人統一起來的要素。但是這種對單一帝國傳統的假設是誤導性的。因為即便天下的概念保留着相容並包的意思，也還有其他的要素存在。這種支配一切的對普遍價值的儒家信仰，有效地賦予中國人以獨特性。作為一種理想，它經歷了歷朝歷代的沉沉浮浮，為世代文人和及至今日的許多現代知識分子提供了一種文化的整體感。

與此相比，其他古代文明帝國如埃及、巴比倫、羅馬和希臘所發展出的建制則多樣化，他們造出不同的神靈，支持他們各自的事業。直到康斯坦丁大帝之後，才有帝國性教會（imperial church）出現，賦予帝國精神上的統一性，從而超越地主、王子、國王和皇帝們各自的狹隘利益。從外部來看，帝國性天主教或東正教為歐洲提供了一種類天下（tianxia-like）的理想，儘管它們有時並不一致，也存在腐敗和分裂。這也提示我們：天下就是宣導對"愷撒的歸愷撒"的信仰的地方，很像儒家官員所賦予他們的皇帝的，不管這個皇帝是誰，他來自何方。在他們的沉寂背後，許多官員保持着對儒家理想的高度忠誠，即使到了19世紀末，有些官員已經發覺，在歐洲還有另一種天下。這種理想也跨越大西洋，成為美國的"山巔之城"。今天，當它將"山巔之城"和"信仰之書"結合在一起，一種美國式的天下便赫然亮相全球。這種美國式天下擁有其使命動機，並以無與倫比的軍事力量和政治影響力為後盾。和中國的天下概念相比，它不是被動和防衛性的；毋寧説，和其他普世理想相區別之處在於，它受到一種強大的擴張力量的支撐。

作為一個抽象概念，天下過去通常是通過諸如《三國演義》和《水滸傳》之類的小説向民眾滲透下去的。在這一層面，"打天下"就是中國內部各力量之間為爭奪天命而產生的英雄行為。為保衛天下，對來自長城以外的入侵必須英勇擊退。然而滿族人的勝利使這個觀念變得模糊。滿族貴族説服儒家文人把他們視為天下的守護者，但是普通百姓並不全都接受這一套，因為他們還記得1644至1683年間滿族人在征服中原過程中殺了多少人。這種隔閡在19世紀末被重新提了出來，因為那時人們已經普遍感覺到儒家思想並不能抵禦西方民族帝國的入侵。意識到這種失敗的首先是沿海一些省份的知識分子和海外華人 —— 西方列強使這些海外華人看到了民族主義想像的力量。

當時的海外華人多數來自南方沿海省份，他們很少談及天下。中國正在滿族人的統治之下，官僚的大多數是滿、蒙、漢精英。清朝267年的統治模糊了任何可能的關於中國人作為一個民族的概念，只有少數反叛者夢想恢復漢人（在南方是唐人）的統治。對許多人來說，這個夢想包括消滅那些背叛漢人而服務於征服者王朝的文人精英們。對這個夢想的激烈表達來自 19 世紀中期的太平天國起義，尋求在人間建立一個新的天國。不出所料，反抗統治者的暴力從最偏遠的南方省份開始，並且受到來自中國之外新的救世主想像的啟發。這次造反也引發了其他許多反抗活動，它們的同情者帶着他們的夢想，逃到海外。

在海外，特別是在英、法、荷管轄的地方，他們遇到了來自一些民族帝國的官員和商人。他們也遇到了早期商人的後代，這些人已經被認定為 "中華民族"，與歐洲民族區別開來，也與他們生活其間的原住民相區別。[1] 在中國之外，他們也對其他帝國有了一些體驗。於是，他們產生了對作為中國人意味着甚麼的一種理解，首先是相對於外國人，然後是在他們自己當中。天下的衰退伴隨着關於帝國和民族的新觀念的產生。在中國建立起民國的前夜，海外的有識之士開始重新確認他們在現代世界中的位置。他們力圖在清帝國或其他君主制度之外，從政治上組織起來，這一點促使他們轉向各種公司和會黨中的血緣及兄弟情誼。[2] 這些經歷為他們思考共和提供了很好的思想準備。

與中國沿海的同道們一起，這些中國人塑造出與他們生活中新的帝國事實相並列的中國想像。他們是第一批經歷歐洲從帝國到民族的轉變的中國人，這一轉變在當時仍然令許多中國人感到疑惑。對他們而言，中國的存在為他們的種族性提供了基礎。他們渴望有一個富強的中國，其文明受到廣泛的尊重。但是直到 20 世紀初，他們對這種文明又有多少了解呢？他們大多數都沒受過教育，他們的子女也很少接受中國的教育。他們從家族聯繫和祖居村莊的民間文化中獲得自己的價值觀。一些人強烈地感到大清帝國遠不如他們卑微的祖先留下的文化遺產更有價值。

　　19 世紀下半葉出生於海外的幾個中國人，表達了他們面臨的不同困境，他們的書寫和行動也表現出不同的視角。我不能說這些人代表了海外華人的某個羣體，但是他們提供了一些例子，可以說明個體對其所處世界的不同反應。在那個世界中，中國不僅遭受來自其他帝國的挑戰，也面臨一些與中國人的文明觀念相對立的觀念和制度的挑戰。這些反應多種多樣，各不相同。大多數海外華人並沒記錄下他們對身邊所發生的變化的想法。有些人只是辛苦工作、賺錢，然後落葉歸根回到中國。有些人則拋棄中國文化優越性的信念，擁抱基督教、伊斯蘭教或其他的信仰。下文所述的這些人，他們對天下、帝國和民族的目標的認識看起來很有相關性。

　　在東南亞有兩個人可以與其他地方比他們年輕一些的同時代人相比較，包括兩個美國華人。辜鴻銘（1857—1928）和林文慶（1869—1957）都是出生於英屬海峽殖民地的檳城的傑出人士。他們的思想深受其歐洲帝國經驗的影響，也受到他們回到中國傳統時所做的相應調整的影響。他們的著述表明他們同時處在中國和西方的邊緣。但是在他們從外部和以不同視角尋求對崩裂中心的把握過程中，兩人的行為很值得研究。兩人都曾深刻吸取了西方文化的源泉，並憑藉他們所學回到中國文化的核心，或至少依然被視為天下願景的東西，雖然這一願景即便在大多數中國人當中也已經不再可信。

　　辜鴻銘是最早一批從英屬馬來亞到歐洲學習的人。他屬於那一小批小小年紀就被送到西方讀書的中國人。[3] 他在歐洲度過了十年時間（1867─1877），先是在德國學習，後來在蘇格蘭獲得了愛丁堡大學的學位。他的家庭背景也很特別。他的曾祖父是馬來半島上的吉打和檳城的一位傑出社團領袖。他是第三代峇峇，在當地出生，被送往蘇格蘭之前說馬來語和閩南語，並不能讀寫中文。由於不滿意在當地的職業生涯，他前往中國開始學習中國經典。不久以後，在 19 世紀 80 年代，由於他的外語才能，他在總督張之洞（1837─1909）手下謀得了一個職位。不過在他後來的一生中，他作為中國王朝文化的有力捍衛者而聞名於世。

　　辜鴻銘年幼時對中國文化完全沒有任何認識。這在東南亞並不鮮見，他的特別之處在於，在當時土生土長的許多華人中，他是第一批被英化和歐化的人。當他面對親戚們奉為神明的風俗習慣時，他對那種文化毫無感覺。但是當他的精神轉向中國傳統經典時，他開始成為孔子的崇拜者。他始終強調的是傳統經典所代表的高度的文明。結果，在他所處的清朝慈禧太后時代，他成為自己所認為的代表這一文明的東西的忠實捍衛者。有趣的是，他對現代的民族觀點一點也不感興趣。他用"民族"一詞泛指清朝帝國，他堅決地為作為清王朝合法性基礎的中國文明的優越性辯護。帶着某種新近皈依的熱情，他將中國文明和咄咄逼人的歐洲文化進行了對比。在他看來，歐洲文化已經被狹隘的民族主義削弱並進一步遭到民主與暴民統治的破壞。

辜鴻銘致力於攻擊西方文明，他使用的術語歐洲人能夠理解但並不贊同。他所擁有的高度自信和道德義憤，是其他使用任何一種歐洲語言的儒家學者都無法企及的，因為他可以說流利的英語和德語，也可以讀法文、拉丁文和希臘文。在他經常提到的儒家文明的天下範圍內，他拒斥任何乞靈於民族觀念的舉動。他的非凡之處在於，他能夠使用來自偉大歐洲文明的宣導者們 —— 如歌德（Johann Von Goethe）、馬修・阿諾德（Mathew Arnold）和湯瑪斯・卡萊爾（Thomas Carlyle）—— 的語言和概念來讚美天下的理念。在他的眾多著述中，《尊王篇》非常清晰地表達了他對慈禧太后和清帝國意識形態的態度。[4]

然而，沒有證據表明辜鴻銘抨擊過人們對政府的民主參與願望。五四之後的許多中國人認為他是一個保守分子。人們感到困惑的是，一個如此精通西方文化的人會如此崇拜這樣一個顯然無法使中國從頹勢中解脫出來的治理體系。但是他從不懷疑中國文化的優點。他認為西方價值系統僅以人們的物質福利衡量文化是錯誤的。他強調作為政府穩定與和諧基礎的道德價值的重要性，他批評所有英、法、德、美學者都無法正視中國文明的真正含義。

　　有趣的是，近來辜鴻銘的著作在中國重新流行起來。在他被徹底遺忘了大約 80 年之後，看看過去 20 年出版的他的著作的數量，確實令人意外。[5] 現在，他的外文著作也開始被翻譯成中文。雖然這並不表明人們認同辜鴻銘對慈禧太后和清朝的看法，但確實意味着對辜鴻銘喜愛的話題的新的好奇，這個話題就是作為一個大一統帝國的天下，一個先於民族和多民族的觀念，它強調文明的能力和品質 —— 如果不是文化優越性的話。

　　相關的另一個外部觀點來自林文慶，他主要在新加坡的殖民學校接受教育。[6] 他比辜鴻銘小 12 歲，也比孫中山小 3 歲。同辜鴻銘一樣，他接受的是徹底的西方教育，對中國傳統並沒有多少認識。然而，不同的是，1880 年當辜鴻銘決定去中國時，清政府仍然大權在握，中國文明尚未身臨深淵；僅僅 40 年之後的 1921 年，當林文慶前往中國工作時，中國已經成為一個完全不同的國度，五四浪潮正風起雲湧。從那以後直到 1937 年的 16 年間，林文慶一直是通商口岸廈門一所私立大學的校長。他在中國的大多數時間，中國都處在混亂狀態。

　　林文慶在家說馬來語和閩南話。在英國，他是第一個獲得備受尊敬的女王獎學金的中國人。巧合的是，和辜鴻銘一樣，他也在愛丁堡大學學習。他回到新加坡後成為一名醫

生，並廣泛地參與到社會活動當中。他受到英國官員的讚
譽，在他們眼裏他就是未來的社會領袖。他很快就當上了立
法委員，成為新加坡殖民精英中的一員。對於殖民當局而
言，由於他對當地華人事務的積極介入，他的價值倍增。他
是儒家信徒，同時也崇拜康有為和其他戊戌變法者。不過與
辜鴻銘不同的是，他並不支持滿族人的統治。他對儒家在中
國帝國傳統中的基礎作用也興趣不大。作為當時的忠誠於大
英帝國的人，他強調儒家以家庭以及從家庭引申出來的社會
價值為核心的基本倫理道德。基於這些道德原則，他發起了
一系列社會改革，目的都是要將他周圍的中國社會現代化，
其中最著名的是反對年輕女子裹腳、反對留滿人辮子、反對
吸食鴉片。他也是新加坡華人女子教育以及現代科學教育的
堅定支持者。

即使在成為廈門大學校長之後，林文慶對大英帝國的忠
誠仍然十分明顯。他對英屬海峽殖民地的貢獻一直為人稱
頌，直到 1929 年當地的長官依舊盛讚他在廈門大學的成就，
並提及他在新加坡所贏得的聲望。在第一次世界大戰時期，
林文慶也贏得了英國人的尊敬，因為他以儒家的天的觀念作
為"普遍的精神尺度"（他認為儒家和基督教一樣是一種宗教
信仰），來尋求海峽地區華人支援英國抗擊德國。用他的話
來說，"服兵役是責無旁貸的義務，為家庭、國王和祖國戰
死是一個好男人的至高榮譽"。他就是這樣說服許多中國人
加入志願軍，慷慨奔赴戰場。

　　林文慶之所以能同時效忠於新加坡、英國和中國，也許是因為英國是一個民族帝國，而新加坡是其中的一部分，而中國還處於尋求民族身份認同的過程中。但是在 20 世紀 20—30 年代，在日本侵略的重壓之下，中國開始走上自己的民族構建之路。這就要求各地的中國人表現出自己的民族意識和愛國精神。從這個角度看，林文慶成為第一批處在兩套管轄權之間需要作出抉擇的人。1937 年，當中國的民族主義達到新的頂點時，他最終選擇了回到新加坡。然而當時，新加坡的英國人和華人都懷着各不相同的期望。在歐洲戰場的前夜，英國人知道這場戰爭會削弱 —— 如果不是完全摧毀的話 —— 大英帝國的力量，因而他們站在防禦的立場上。當地中國人已經不再受英國人垂青的海峽中國人的領導，而轉向受新的中國民族主義的領導。[7] 通過與國際共產主義的聯繫來終結殖民主義的運動已經出現了曙光。林文慶突然發現，他的儒家思想無法跨越民族身份的僵硬邊界，儒家思想已經被視為導致中國和中國人積貧積弱的根源，他所擁護的儒家不僅使他孤立，也不能保護他免受 1942 年日本佔領新加坡所帶來的重壓。73 歲時，林文慶作為儒家信奉者，被日本人任命為社區領袖，支持其臨時政府。對於其在夾縫中成就輝煌事業的一生來說，這無疑是一種可悲的結局。事實如此清晰，文化的忠誠，無法抵禦民族主義的入侵。

　　與林文慶不同，他的兩個同時代人，出生於美國的陳友仁（1878—1944）和廖仲愷（1877—1925），作出了簡單而明確的決定。陳友仁出生於千里達，比林文慶小 9 歲。[8] 當他決定投身中國人的共和大業時，他是大英帝國治下一名非常出色的律師。他是另外一種土生華人，有非洲和法國血統，在遠離中國的加勒比海長大，當地的華人社區並沒有讓他學習中國特有的東西。他一直沒有學會漢語，終身更喜歡和說英文的人打交道。他非常西化，喜歡西餐甚於中餐。但是由於他願意放棄一切回到新的民國，這使得孫中山和他受過美國教育的妻子宋慶齡很賞識他。他的民族主義和反殖民熱情毋庸置疑，作為 1927 年漢口臨時政府的外交部長，他因挫敗英國治外法權的要求而名噪一時。[9] 不過，和孫中山不同的是，他並沒有大多數有教養的中國人直到 20 世紀還保留着的那種對天下和帝國的眷戀之情。因此他能使自己固守現代民族國家的模式，熱情支援國際主義的社會主義理想，並參與消滅帝國主義的行動。儘管缺乏關於中國人和儒家價值觀的背景知識，他卻通過血緣和政治選擇來界定作為中國人的概念，而這成為後來兩代在海外出生的中國人所要擁抱的條件。要是陳友仁與國民黨和共產黨都有更穩固的聯繫因而有更成功的政治生涯的話，他的人生經歷一定會得到更好的記錄，從而成為年輕一代中國人所效仿的楷模。在陳友仁身上，我們可以看到一種對中華民族的認同，而這個中華民族沒有被天下或帝國的負擔所拖累。

廖仲愷出生於加利福尼亞，比在千里達出生的林文慶大 1 歲。[10] 他在美國讀書至 16 歲，然後回到中國和日本，掌握了中文和日文。長期的日本生活經歷使得他原先的美國價值觀始終弱於他的東亞民族價值觀，特別是當時中國精英們所羨慕和模仿的日本狂熱的民族主義。不過，廖仲愷的經濟學訓練和對美國政治的熟悉為當時在廣州的孫中山提供了很大的幫助。而且，因為他小時候經常回到中國，他在國外出生和受教育的經歷反倒強化了他的民族主義。他對美國和日本兩國的民族主義的認識，更有力地促使他投身到中國的現代民族國家建設當中。他對天下的概念沒有任何興趣，並且和統治世界其他弱小國家的帝國主義勢不兩立。如果不是在1925 年被刺殺，他會是一位比大多數同時代人更可靠的民族主義領袖。

在那一代人中有許多人是值得提及的，但是另外有兩位對變動的政治局勢作出了其他的反應。李登輝（1872—1947）出生於印尼爪哇，在新加坡接受了英文教育並成為基督徒。[11]之後他去耶魯大學學習。他的政治和文化主張迥異於他人。雖然從未精通中文，但是他前往上海致力於高等教育並擔任了復旦大學的校長。他的例子表明，他的基督徒身份為他提供了可被視為另一種天下的東西，這個天下與他對他所理解的中華民族所抱有的自豪並不抵觸。這是一個較早的例子，表明作為一個民族主義者並不必然排斥對另一套普遍理想的接受。

最後一個例子是陳禎祿（1883—1960）。他出生於馬六甲，比辜鴻銘晚一代，也比林文慶小 14 歲。[12]直到去世之

前的幾年，他一直對中國的天下和帝國或者民族建設毫無經
驗。但是他的壽命足夠長，因而能在 60 歲的時候成為英屬
馬來亞的一名民族精英。作為馬來亞華人協會的領袖，他在
糾結於民族主義和共產主義的混亂的華人社羣與英屬馬來亞
當權者之間扮演了一個關鍵角色。他的背景與林文慶相似。
他學習過大量的西方經典，但是沒有留學經驗，也不精通中
文。他早期的領袖角色是英國人賦予的，與中國傳統的天下
和帝國沒有任何關係。從那以後，他致力於為英國人統治下
的華人爭取更大的權利。在日本佔領期間，他跟隨英國人到
印度，在那裏為他的政治生涯做準備。當他回到馬來亞時，
他成為馬來亞反共華人社團的領袖。自此，陳禎祿做出了完
全在天下和帝國框架之外的選擇，全盤接受了一種新的民族
理念，一種"以馬來民族主義為核心，而擁有馬來人、華人
和印度人當合作夥伴的理念"。[13] 在他的領導下，這個華人
社團跟從這一原則，期望經過一段時間的調整，會出現一個
種族平等的民族國家。他是一個早期的典型例子，一個中國
人投身於當地政治，並滿足於讓華人在大馬來亞民族身份之
中保留自己的文化認同。他的兒子陳修信（1916—1988）是
馬來西亞在職時間最長的財政部長（1959—1974）。

　　以上所述的兩代人出生於 1857—1883 年之間，在中國的
政治舞台上活躍於 19 世紀 80 年代至 20 世紀 50 年代。在中
國本土之外，他們作出了關於中國的不同選擇，成就了卓越
的事業。投身於新的中華民族的陳友仁和廖仲愷，他們被世

人銘記的部分原因是他們的兒子都留在中國並承繼父業。〔14〕
這兩人的人生都受到他們在英國、美國和日本的經歷和所學
知識的影響，另外他們都拒斥帝國主義。在當時民族國家林
立的世界裏，他們都沒有任何關於天下的觀念。李登輝，像
其他轉變為信仰基督教等世界宗教的人一樣，找到類似天下
的超越民族的個人寄託，與新的中華民族所代表的更狹隘的
利益共處。至於林文慶和陳禎祿，他們接受其他人的帝國，
但是以不同的方式確證他們自己的中國性：一個轉向以傳統
為導向的儒家天下，另外一個始終滿足於在其他民族之中保
護一種次級身份（sub-identity）。

我們可以將這五個人的反應放到中華帝國的終結及天下
的無關緊要的背景中。只有辜鴻銘認為清朝在最後幾十年還
依然輝煌，並與中國最後一代官僚一道保持着對天下觀念的
信仰，他認為這種信仰比西方的觀念和制度都更優越。今天
沒有中國人知道林文慶和陳禎祿，也很少人記得廖仲愷、陳
友仁和李登輝，這並不令人驚訝。讓人更感興趣的是，在他
們六人中間，人們對辜鴻銘產生了新的興趣，這與過去人們
對他的忽視完全相反。是因為他的古怪和坦率嗎？還是因為
他提出了關於中國曾經代表甚麼的重大問題，不是民族或帝
國，而是一種道義上的天下，可以為世界提供某種教益？

到 19 世紀晚期，衰落的清帝國已經不再可能使用天下
這一話語。當帝國隕落時，帝國和天下的觀念都被徹底拋
棄，取而代之的是民族帝國們帶來的關於民族國家的修辭。

當地區性的民族國家羣（regional clusters of nation-states）聯合起來反對未來可能出現的帝國時，一種反帝的聲音繼之而起。1949年，中國共產黨試圖加入此類羣體以反對諸如美蘇等超級強國。1991年之後，隨着蘇聯的解體，由一個超級大國主導全球事務的觀念成為現實，它在本質上迥異於區域性的大英帝國。這一過程與中國的快速復興同步發生。但是現在，一個甚麼樣的中國在崛起？在它變得強大之後，能夠避免成為一個仿效民族帝國的民族國家嗎？中國會成為一個地區性霸權國家嗎？抑或中國會像官方所宣稱的那樣，成為一個和平崛起的多民族國家？

我這一生大部分時間生活在帝國的陰影之下。同時，我也學會了欣賞正在出現的現代全球文明，它讓我想到天下的概念。這就是兩個詞語令我着迷的原因。清朝覆亡之後，有幾十年時間，中國之外的世界仍然是一個帝國紛爭的世界，打了兩次世界大戰的那些歐洲帝國當時既是帝國也是民族國家。當他們在中國的土地上爭權奪利時，中國僅僅被視為一個失敗的帝國，已經喪失了堅持其天下理想的能力。正是在這一語境中，年輕的中華民國致力於反帝運動，使中國人認識到了帝國主義強加給這個國家的破壞。因此，民族主義的反帝思想和國際共產主義提供了不同模式，準確地説，通過號召人們反對帝國概念本身，他們提供了反對外來統治和保衛中國的不同手段。

20世紀早期以來的西方著作傾向於強調帝國主義的資

本主義一面，主張如果要除掉那些帝國，就必須摧毀資本主義。然而，對這種現代帝國（無論是歐美或是日本）的大多數臣民來說，影響他們日常生活的現實並不是像帝國主義這樣抽象的東西。對於他們，現代帝國是民族帝國，這些民族帝國使用民族、種族和文化優越性的"科學"概念來證明他們對次等人統治的合理性。他們作為富有而強大的民族國家的有效性強化了他們的權力。由此創造出來的將這些觀念轉化為實踐的制度，比單純的經濟剝削更加讓人難以接受。

最令當地精英們——屈從於 19 世紀的帝國控制——印象深刻的，是現代民族國家的凝聚力和高效率，在海上以英法為代表，陸上是俄羅斯。對中國而言，當這種模式將明治時代的日本轉變為一個擴張的民族帝國時（這在亞洲是首次出現），它吸引了全部的注意力。日本原本也理解天下的概念，它和天下概念的決裂從根本上挑戰了中國。因此，新一代的中國人對民族主義產生了強烈籲求。這看起來是可以幫助他們戰勝威脅中國生存的民族帝國的最佳意識形態。中國的精英們很快就接受了國際法的主權概念，以增強他們對強權國家的抵禦能力。一些人也轉向激進的國際共產主義，後者承諾將世界上的受壓迫國家聯合起來，終結作為民族帝國主義之力量源泉的資本主義。

對於 20 世紀 30 年代的海外華人來說，他們沒有甚麼天下或者中華帝國的概念，他們只看到別人的帝國，包括那些威脅中國生存的國家。但是中國為將自己轉變為民族國家取得了甚麼樣的進步？海外華人把中國看作一個民族整體，是因為它具有共同的文化和歷史。但是中國的邊境並不安全，國內的軍閥混戰和國外侵略使領土主權問題存在糾紛。1937年的日本很顯然是一個野心勃勃的侵略者，長驅直入這個衰落的前帝國。華僑們原本模糊的帝國和民族概念清晰起來，因為他們就生活在那些相當看重這類詞語的人當中。例如，20世紀50年代，英國開始解除對馬來亞的殖民統治，並同意幫助他們建立一個新的獨立的民族國家，每個人都希望看到帝國時代的終結。於是，人們饒有興味地看着英國如何發明出英聯邦國家體系 —— 作為某種形式的天下 —— 來取代失落了的大英帝國。

第二次世界大戰創造了終結帝國時代的條件。顯然，兩個潛在的帝國 —— 美國和蘇聯都支持去殖民化。特別有意思的是，古老的帝國們都返身回鄉，變成了單純的民族國家。尤其像德國和日本這樣的國家，一旦卸去帝國負擔，便開始走上富強之路。在這樣的語境中，一些政治觀察家依舊在等待中國實現去殖民化，或者分割並縮減為漢人的民族國家。然而這不可能發生。

戰後的例子表明，建立民族國家說起來容易做起來難。整整一代人都曾相信民族國家是反帝的良藥，相信大量獨立自主的民族國家的出現可以保證未來不會再有帝國出現。旅居海外的中國人想找到一個可以得到身份認同的國家安定下來，但是並不那麼容易。在大多數華僑人口興旺了幾個世紀的國家，跨民族主義和前民族主義始終是一種阻礙。想要回他們的國家的原住民們也一直質疑移民，甚至包括那些當地出生的移民後裔的忠誠。其中一些中國人創立的跨境貿易網路生存了下來，移植成為新的全球化貿易系統。成長中的中國也充分地利用他們。總體上來說，人們期望這些網路有助於減弱本地忠誠，轉向跨民族的視野。

因此，當今世界大量地談論失敗的國家和不安全的小民族國家，以及它們所導致的如歐盟和東盟這樣的區域聯合的努力，這一點也不令人意外。新類型的帝國，無論是貿易的、非正式的或虛擬的，依舊令人擔心，即便它們並不必然是邪惡的。在正面形象的背後，是對一種軟性帝國力量的新的熱情，他們推廣造福全人類的普世價值如自由、人權和民主。如果這些提取自西方經驗的觀念可以和平地引入，那可能會讓中國的精英們想起他們對天下概念的古老信仰。雖然他們的理想從來不是激進的和使命式的，但它們無疑傳遞了一種代表普世價值的希望。如果這種希望能夠復甦，新的中國精英們會發現，在民族國家之上，有一種新鮮的、充滿活力的普世價值可以被接受，可以用來支持、保存乃至增強那些他們祖先曾熱烈追隨過的價值觀。

注釋：

〔1〕 Wang Gungwu（王賡武），"The Peranakan Phenomenon: Pre-national, Marginal, and Transnational", 14-26。

〔2〕 Wang Tai Peng, *The Origins of Chinese Kongsi*（Petaling Jaya: Pelanduk Publications, 1994）。

〔3〕 Lo Hui-min, "Ku Hung-ming：Schooling", *Papers on Far Eastern History* no.38（September 1988）, 45-64；"Ku Hung-ming：Homecoming", *East Asian History*, no.6（December 1993）163-182；"Ku Hung-ming：Homecoming（Part 2）", *East Asian History*, no.9（June 1995）67-96；近期的研究參見 Du Chunmei, "Gu Hongming and the Re-invention of Chinese Civilization", Ph.D. diss., *East Asian Studies*, Princeton University, June 2009。

〔4〕 辜鴻銘：《尊王篇》（上海：上海別發洋行，1901 年）。

〔5〕 黃興濤等編：《辜鴻銘文集》（2 卷）（海口：海南出版社，1996 年）；《辜鴻銘講國學》（北京：華文出版社，2009 年）。還有其他一些文選。

〔6〕 李元瑾：《東西文化的撞擊與新華知識分子的三種回應：邱菽園、林文慶、宋旺相的比較研究》（新加坡：新加坡國立大學中文系，2001 年）。關於林文慶（Lim Boon Keng）在他所處時代中的地位的研究，參見 Song Ong Siang, *One Hundred Years' History of the Chinese in Singapore: Being a Chronological Record of the Contribution by the Chinese Community to the Development, Progress and Prosperity* of Singapore; of Events and Incidents Concerning the Whole or Sections of That Community: and the Lives, Pursuits and Public Service of Individual Members Thereof From the Foundation of Singapore on 6th February 1819 to its Centenary on 6th Februrary 1919 （London: J. Murray, 1923）。

〔7〕　Wang Gungwu（王賡武）, "Traditional Leadership in New Nation: The Chinese in Malaya and Singapore", Gehan Wijeyewardene（ed.）, Leadership and Authority: A Symposium（Singapore: University of Malaya Press, 1968）208-222；"The Limits of Nanyang Chinese Nationalism, 1912-1937", C.D. Cowan and O.W. Wolters（eds.）, Southeast Asian History and Historiography: Essays Presented to D. G. E. Hall（Ithaca, NY：Cornell University Press, 1976）405-421。

〔8〕　錢玉莉:《陳友仁傳》(石家莊:河北人民出版社,1999 年); Percy Chen, China Called Me: My Life Inside the Chinese Revolution（Boston: Little, Brown, 1979）。

〔9〕　李恩涵:《北伐前後的革命外交（1925─1931）》(台北：中央研究院近代史研究所,1993 年); Lee En-Han（李思涵）, "China's Recovery of the British Hankow and Kiukiang Concessions in 1927", Occasional Paper no.6, University of Western Australia, Centre for East Asian Studies, 1980。

〔10〕姜義華:《國民黨左派的旗幟:廖仲愷》(上海:上海人民出版社,1985 年); 吳學文,王俊彥:《一門忠烈:廖氏家族》

（北京：中共黨史出版社，2004 年）。

〔11〕錢益民：《李登輝傳》（上海：復旦大學出版社，2005 年）。

〔12〕Tan Cheng Lock（陳禎祿）, *Malayan Problems: From a Chinese Point of View*, with and introduction by Wu Lien-teh；ed. C.Q. Lee（Singapore: Tannaco, 1947）；Alice Scott-Ross, Tun Dato Sir Cheng Lock Tan, S.M.N., D.P.M.J., K.B.E., J.P., *A Personal Profile*（Singapore: A. Scott-Ross, 1990）。在陳禎祿的論文中也可以找到大量資訊，參見 *Tan Cheng Lock Papers: A Descriptive List*, new enl. ed., comp. and ed. P. Lim Pui Huen, with the assistance of Mercedes Cheong（Singapore: Institute of Southeast Asian Studies, 1989）。

〔13〕Wang Gungwu（王賡武）, "Malayan Nationalism", *Royal Central Asian Journal*（June 1962）, 49. 3-4 317-325; excerpts published in John Bastin and Robin W. Winks（comps.）, Malaysia: Selected Historial Readings（Kuala Lumpur: Oxford University Press, 1966）, 347-351, 352-358。

〔14〕陳友仁的大兒子陳丕士居住在香港，並寫過回憶錄（見附錄注釋（8））；他的小兒子陳依范經歷了"文化大革命"，也寫過幾本書來描述這一段經歷，其中最著名的是 *A Year in Upper Felicity: Life in a Chinese Village During the Cultural Revolution*（New York：Macmillan, 1973）。至於廖仲愷的兒子廖承志（1908—1983），參見李榮德：《廖承志和他的一家》（瀋陽：春風文藝出版社，1998 年）。